DOSKONAŁOŚĆ MAKARONU! CHŁODNE SAŁATKI MAKARONOWE NA KAŻDĄ OKAZJĘ

Odkryj sztukę przygotowania 100 nieodpartych sałatek makaronowych

Natasza Czerwińska

Prawa autorskie ©2023

Wszelkie prawa zastrzeżone

Żadna część tej książki nie może być wykorzystywana ani rozpowszechniana w jakiejkolwiek formie i w jakikolwiek sposób bez odpowiedniej pisemnej zgody wydawcy i właściciela praw autorskich, z wyjątkiem krótkich cytatów użytych w recenzji. Niniejsza książka nie powinna być traktowana jako substytut porady lekarskiej, prawnej lub innej porady zawodowej.

SPIS TREŚCI

- SPIS TREŚCI 3
- WSTĘP 6
- **SAŁATKI Z MAKARONEM SERYJNYM** 8
  1. Sałatka z pikantnym serem Cheddar Fusilli 9
  2. Sałatka z miętową fetą i orzo 11
  3. Sałatka serowa Pepperoni Rotini 13
  4. Sałatka z makaronem Gorgonzola 15
  5. Sałatka Makaronowa Romano Linguine 17
  6. Sałatka z miętową fetą i orzo 19
  7. Sałatka z makaronem orzechowym i gorgonzolą 21
  8. Sałatka ze świeżym makaronem cytrynowym 23
  9. Klasyczna sałatka z makaronem i serem 25
  10. Sałatka Tortellini z Trzech Serów 27
  11. Sałatka penne z pesto i suszonymi pomidorami 29
  12. Sałatka z makaronem Cheddar i brokułami Bowtie 31
  13. Sałatka Grecka Orzo z Fetą 33
- **SAŁATKI Z GRILLOWANYM MAKARONEM** 35
  14. Sałatka z grillowanym warzywnym makaronem Fusilli 36
  15. Sałatka z grillowanymi warzywami i makaronem z pesto 38
  16. Sałatka Cezar z Grillowanym Kurczakiem 40
  17. Sałatka z grillowanymi krewetkami i makaronem z awokado 42
  18. Letnia sałatka z grillowanych warzyw i makaronu feta 44
  19. Sałatka z grillowaną kukurydzą i makaronem z czarnej fasoli 46
  20. Sałatka z grillowanym kurczakiem i pesto tortellini 48
  21. Sałatka z grillowanych warzyw i fety orzo 50
  22. Sałatka z grillowanym tofu i makaronem sezamowym 52
  23. Sałatka z grillowanym miecznikiem i orzo 54
  24. Sałatka z makaronem z grilla i szparagami 56
- **SAŁATKA Z MAKARONEM RYBNYM I OWOCAMI MORZA** 58
  25. Sałatka z makaronem z tuńczykiem i karczochami 59
  26. Sałatka z makaronem z krewetkami i awokado 61
  27. Sałatka z wędzonym łososiem i makaronem koperkowym 63
  28. Sałatka z makaronem z kraba i mango 65
  29. Sałatka z makaronem z przegrzebkami i szparagami 67
  30. Krewetki cytrynowo-czosnkowe i sałatka z orzo 69
  31. Sałatka z makaronem z grillowanym tuńczykiem i białą fasolą 71
  32. Sałatka z makaronem z kolendrą, limonką i łososiem 73
  33. Sałatka z makaronem z homarem i mango 75
  34. Śródziemnomorska sałatka z makaronem Tzatziki z krewetkami ... 77
  35. Sałatka z makaronem z krewetkami i pomidorami wiśniowymi 79
  36. Sałatka z orzechowym tuńczykiem i makaronem 82
- **SAŁATKA Z MAKARONEM DROBIOWYM** 84
  37. Polędwiczki z kurczaka i sałatka Farfalle 85
  38. Kremowa sałatka z makaronem Penn 87

39. Sałatka z fetą i pieczonym indykiem 89
40. Sałatka Makaronowa z Orzechowym Kurczakiem 91
41. Sałatka Cezar z Kurczakiem i Makaronem 93
42. Sałatka z makaronem z indykiem i żurawiną 95
43. Sałatka z makaronem i kurczakiem z grilla cytrynowo-ziołowego 97
44. Sałatka z makaronem z kurczakiem i bekonem 99
45. Sałatka z kurczakiem curry i makaronem z mango 101
46. Sałatka Grecka z Kurczakiem i Orzo 103
47. Sałatka z makaronem i kurczakiem i czarną fasolą 105
48. Sałatka z makaronem i kurczakiem z mango i curry 107
49. Sałatka z makaronem i pesto z kurczakiem Caprese 109
50. Azjatycka sałatka z makaronem i kurczakiem sezamowym 111
51. Sałatka z ziołami cytrynowymi i makaronem z indykiem i szparagami 113
52. Sałatka z makaronem i pesto z kurczaka i brokułów 115
53. Sałatka z makaronem i kurczakiem bawolym 117
54. Sałatka Makaronowa z Kurczakiem i Orzechem Żurawinowym 119

SAŁATKA Z WĘDNAMI I MAKARONEM 121
55. Włoska sałatka na zimno z makaronem i salami 122
56. Sałatka na zimno z indykiem i żurawiną 124
57. Sałatka Makaronowa Na Zimno Z Szynką I Cheddarem 126
58. Sałatka Cezar z kurczakiem i makaronem na zimno 128
59. Sałatka grecka z makaronem Orzo i mięsem Gyro 130
60. Sałatka z pieczonej wołowiny i makaronu Cheddar 132
61. Sałatka z makaronem na zimno i kurczakiem z bekonem 134
62. Włoska sałatka z makaronem Antipasto 136
63. Sałatka z makaronem wędzonym indykiem i awokado 138
64. Sałatka z grillowaną kiełbasą i makaronem warzywnym 140
65. Sałatka z zimnym makaronem z krewetkami i awokado 142
66. Sałatka z pastrami i szwajcarskim zimnym makaronem 144
67. Sałatka z makaronem na zimno z tuńczykiem i białą fasolą 146
68. Sałatka BBQ z kurczakiem i makaronem kukurydzianym 148
69. Sałatka Z Makaronu Włoska Kiełbasa I Papryka 150
70. Sałatka z makaronem naśladowczym Ruby Wtorek 152

SAŁATKA Z MAKARONEM WARZYWNYM 154
71. Wegańska sałatka z bazylią Rigatoni 155
72. Sałatka Makaronowa BLT 157
73. Makaron Coleslaw 159
74. Sałatka Kalamata Rotini 161
75. Sałatka z Tortellini w słoikach 163
76. Fusilli czosnkowo-grzybowe z sałatką gruszkową 165
77. Śródziemnomorska sałatka z makaronem warzywnym 167
78. Sałatka z pesto i warzywami z makaronem spiralnym 169
79. Tęczowa sałatka z makaronem warzywnym 171
80. Azjatycka sałatka z makaronem sezamowo-warzywnym 173
81. Sałatka Warzywna Z Makaronem Caprese 175
82. Sałatka grecka Orzo 177

83. Sałatka z pieczonych warzyw i makaronu z ciecierzycą 179
84. Sałatka na zimno ze szpinakiem i karczochami 181
85. Tajska Sałatka Warzywna z Makaronem Orzechowym 183
86. Sałatka Cezara z Makaronem Wegetariańskim 185
SAŁATKI MAKARONOWE NA ZIMNO 187
87. Sałatka z makaronem i owocami tropikalnymi 188
88. Sałatka z makaronem z jagodami i fetą 190
89. Sałatka z Makaronem Cytrusów i Awokado 192
90. Sałatka z Arbuzem i Makaronem Feta 194
91. Sałatka z makaronem z mango i czarną fasolą 196
92. Sałatka z Makaronem Jabłkowo-Orzechowym 198
93. Sałatka z Makaronem Ananasem i Szynką 200
94. Sałatka z makaronem i jagodami cytrusowymi 202
95. Sałatka z kiwi, truskawkami i makaronem Rotini 204
96. Salsa mango z sałatką z makaronem Farfalle 206
97. Sałatka z makaronem brzoskwiniowo-prosciutto 208
98. Sałatka Makaronowa z Borówkami i Kozim Serem 210
99. Sałatka ze szpinakiem, groszkiem, malinami i makaronem spiralnym 212
100. Sałatka z makaronem z mandarynkami i migdałami 214
WNIOSEK 216

WSTĘP

Witamy w wykwintnym świecie DOSKONAŁOŚĆ MAKARONU! CHŁODNE SAŁATKI MAKARONOWE NA KAŻDĄ OKAZJĘ, kulinarnej podróży, która wykracza poza zwyczajność i celebruje sztukę tworzenia zniewalających sałatek makaronowych. W symfonii kulinarnych doznań sałatki makaronowe wyłaniają się jako harmonijna melodia smaków, tekstur i świeżości – prawdziwy dowód wszechstronności i kreatywności, jaką makaron może wnieść na Twój stół. Zaglądając na strony tej książki kucharskiej, wyobraź sobie kulinarny krajobraz, w którym każdy przepis jest efektem pociągnięcia pędzlem, tworząc arcydzieło smaku i prezentacji. „DOSKONAŁOŚĆ MAKARONU! CHŁODNE SAŁATKI MAKARONOWE NA KAŻDĄ OKAZJĘ" to coś więcej niż zbiór przepisów; to zaproszenie do odkrywania ogromnych możliwości sałatek makaronowych, z których każda jest przygotowywana z precyzją i pasją.

Niezależnie od tego, czy jesteś doświadczonym szefem kuchni szukającym nowych inspiracji, czy początkującym kucharzem domowym, który pragnie eksperymentować, ta książka kucharska będzie Twoim towarzyszem w sztuce tworzenia sałatek makaronowych, które nie tylko zadowolą podniebienie, ale także podniosą jakość posiłku. Wyobraź sobie kuchnię wypełnioną kuszącymi aromatami świeżych ziół, żywych warzyw i doskonale ugotowanego makaronu, wyruszając w podróż pełną kulinarnej ekspresji.

Od kameralnych spotkań rodzinnych po wielkie uroczystości — te sałatki makaronowe zostały zaprojektowane tak, aby były gwiazdą każdej okazji, dodając Twojemu stołowi odrobinę wyrafinowania i rozkoszy. Rozpocznijmy więc przygodę – podróż, w której tworzenie doskonałego makaronu staje się formą sztuki kulinarnej, a każda sałatka z makaronem to płótno czekające na ozdobienie Twoją kreatywnością. Odkryj niuanse równoważenia smaków, eksperymentuj z teksturami i prezentuj dania, które nie tylko zaspokoją głód, ale także urzekają zmysły. Poruszając się po tej kulinarnej symfonii, delektując się różnorodnością i elegancją każdej sałatki z makaronem, pamiętaj, że nie kierujesz się tylko przepisami; zanurzasz się w sztuce tworzenia niezapomnianych wrażeń kulinarnych. Niech Twoja kuchnia stanie się sanktuarium kreatywności, a Pasta Perfection będzie Twoim przewodnikiem w dążeniu do kulinarnej doskonałości.

Dołącz do nas w tym święcie makaronu, gdzie każdy obrót widelca odsłania nowy wymiar smaku, a każdy kęs jest celebracją kunsztu, jakim jest perfekcja makaronu. Niech smaki zatańczą na Twoim podniebieniu i niech radość tworzenia zniewalających sałatek makaronowych stanie się cenną częścią Twojego kulinarnego repertuaru. Witamy w świecie, w którym makaron to nie tylko składnik; to płótno do tworzenia kulinarnych arcydzieł. Gratulujemy sztuce perfekcji makaronu!

SAŁATKI Z MAKARONEM SERYJNYM

1. Sałatka z pikantnym serem Cheddar Fusilli

SKŁADNIKI:
- 2 łyżki oliwy z oliwek
- 6 posiekanych zielonych cebul
- 1 łyżeczka soli
- 3/4 szklanki posiekanej marynowanej papryczki jalapeno
- 1 (16 uncji) opakowanie makaronu fusilli
- 1 (2,25 uncji) może pokroić czarne oliwki
- 2 funty wyjątkowo chudej mielonej wołowiny
- 1 (1,25 uncji) opakowanie mieszanki przypraw do taco
- 1 (8 uncji) opakowanie startego sera Cheddar
- 1 (24 uncje) słoik łagodnej salsy
- 1 (8 uncji) butelka sosu ranczo
- 1 1/2 czerwonej papryki, posiekanej

INSTRUKCJE:
a) Postaw duży garnek na średnim ogniu. Napełnij go wodą i wymieszaj z oliwą z oliwek z solą.
b) Gotuj, aż zacznie się gotować.
c) Dodać makaron i gotować 10 min. Wyjmij go z wody i odłóż na bok, aby odciekł.
d) Postaw dużą patelnię na średnim ogniu. Podsmaż wołowinę przez 12 min. Usuń nadmiar tłuszczu.
e) Dodaj przyprawę do taco i dobrze wymieszaj. Odłóż mieszankę na bok, aby całkowicie utraciła ciepło.
f) Przygotuj dużą miskę do miksowania: wymieszaj w niej salsę, sos ranczo, paprykę, zieloną cebulę, papryczki jalapenos i czarne oliwki.
g) Dodajemy makaron z ugotowaną wołowiną, serem Cheddar i dressingiem. Dobrze je wymieszaj. Połóż kawałek plastikowej folii na misce sałatkowej. Włożyć do lodówki na 1 h 15 min.

2.Sałatka z miętową fetą i orzo

SKŁADNIKI:

- 1 1/4 szklanki makaronu orzo
- 1 mała czerwona cebula, pokrojona w kostkę
- 6 łyżek oliwy z oliwek, podzielonych
- 1/2 szklanki drobno posiekanych świeżych liści mięty
- 3/4 szklanki suszonej brązowej soczewicy, opłukanej
- 1/2 szklanki posiekanego świeżego koperku
- sól i pieprz do smaku
- 1/3 szklanki czerwonego octu winnego
- 3 ząbki czosnku, posiekane
- 1/2 szklanki oliwek Kalamata, wypestkowanych i posiekanych
- 1 1/2 szklanki pokruszonego sera feta

INSTRUKCJE:

a) Ugotuj makaron zgodnie z instrukcją na opakowaniu.
b) W dużym, osolonym rondlu zagotuj wodę. Gotuj w nim soczewicę, aż zacznie wrzeć.
c) Zmniejsz ogień i połóż na pokrywce. Gotuj soczewicę przez 22 minuty. Usuń je z wody.
d) Przygotuj małą miskę do miksowania: połącz w niej oliwę z oliwek, ocet i czosnek. Dobrze je wymieszaj, aby przygotować dressing.
e) Przygotuj dużą miskę do miksowania: wymieszaj w niej soczewicę, sos, oliwki, ser feta, czerwoną cebulę, miętę i koperek, dopraw solą i pieprzem.
f) Miskę z sałatką owiń folią spożywczą i włóż do lodówki na 2 godziny 30 minut. Dopraw sałatkę i podawaj.

3.Serowa sałatka pepperoni rotini

SKŁADNIKI:
- 1 (16 uncji) opakowanie trójkolorowego makaronu rotini
- 1 (8 uncji) opakowanie sera mozzarella
- 1/4 funta pokrojonej w plasterki kiełbasy pepperoni
- 1 szklanka świeżych różyczek brokułów
- 1 (16 uncji) butelka sałatki w stylu włoskim
- 1 (6 uncji) puszka czarnych oliwek, odsączonych
- ubieranie się

INSTRUKCJE:
a) Ugotuj makaron zgodnie z instrukcją na opakowaniu.
b) Przygotuj dużą miskę do miksowania: wrzuć do niej makaron, pepperoni, brokuły, oliwki, ser i sos.
c) Doprawić sałatkę i włożyć do lodówki na 1 h 10 min. Podawaj.

4.Sałatka z makaronem Gorgonzola

SKŁADNIKI:

- 1 (16 uncji) opakowanie makaronu penne
- 1/2 szklanki oleju rzepakowego
- 2 łyżki oleju rzepakowego
- 1/4 szklanki oleju z orzechów włoskich
- 2 C. świeży szpinak – opłukany, osuszony i porwany na kawałki wielkości kęsa
- 1/3 szklanki octu szampańskiego
- 2 łyżki miodu
- 1 mała zielona papryka, pokrojona na 1-calowe kawałki
- 2 C. pokruszony ser Gorgonzola
- 1 C. posiekanych orzechów włoskich
- 1 mała czerwona papryka, pokrojona na 1-calowe kawałki
- 1 mała żółta papryka, pokrojona na 1-calowe kawałki

INSTRUKCJE:

a) Ugotuj makaron zgodnie z instrukcją na opakowaniu.
b) Postaw dużą patelnię na średnim ogniu. Gotuj w nim szpinak z odrobiną wody przez 2 do 3 minut lub do momentu, aż zwiędnie.
c) Przygotuj dużą miskę do miksowania: wrzuć do niej szpinak, paprykę zieloną, paprykę czerwoną, paprykę żółtą i ostudzony makaron.
d) Przygotuj małą miskę do miksowania: połącz w niej 1/2 szklanki oleju rzepakowego, oleju z orzechów włoskich, octu i miodu. Dobrze je wymieszaj.
e) Sosem polej sałatkę z makaronem. Posyp orzechami włoskimi i serem gorgonzola, a następnie podawaj.

5.Sałatka Makaronowa Romano Linguine

SKŁADNIKI:
- 1 (8 uncji) opakowanie makaronu linguine
- 1/2 łyżeczki płatków czerwonej papryki
- 1 (12 uncji) woreczek różyczek brokułów, pokrojonych na kawałki wielkości kęsa
- 1/4 łyżeczki mielonego czarnego pieprzu
- sól dla smaku
- 1/4 szklanki oliwy z oliwek
- 4 łyżeczki mielonego czosnku
- 1/2 szklanki drobno startego sera Romano
- 2 łyżki drobno posiekanej świeżej natki pietruszki płaskolistnej

INSTRUKCJE:
a) Ugotuj makaron zgodnie z instrukcją na opakowaniu.
b) Zagotuj garnek wody. Na wierzchu umieść parowiec. Gotuj na parze brokuły pod przykryciem przez 6 minut
c) Postaw rondelek na średnim ogniu. Rozgrzej w nim olej. Podsmażamy na nim czosnek z płatkami papryki przez 2 min.
d) Przygotuj dużą miskę do miksowania: Przełóż do niej podsmażoną mieszankę czosnku z makaronem, brokułami, serem Romano, pietruszką, czarnym pieprzem i solą. Dobrze je wymieszaj.
e) Dostosuj przyprawę do sałatki. Podawaj od razu.
f) Cieszyć się.

6.Sałatka z miętową fetą i orzo

SKŁADNIKI:
- 1 1/4 szklanki makaronu orzo
- 1 mała czerwona cebula, pokrojona w kostkę
- 6 łyżek oliwy z oliwek, podzielone
- 1/2 szklanki drobno posiekanych świeżych liści mięty
- 3/4 szklanki suszonej brązowej soczewicy, opłukanej i odsączonej
- 1/2 szklanki posiekanego świeżego koperku
- sól i pieprz do smaku
- 1/3 szklanki czerwonego octu winnego
- 3 ząbki czosnku, posiekane
- 1/2 szklanki oliwek Kalamata, wypestkowanych i posiekanych
- 1 1/2 szklanki pokruszonego sera feta

INSTRUKCJE:
a) Ugotuj makaron zgodnie z instrukcją na opakowaniu.
b) W dużym, osolonym rondlu zagotuj wodę. Gotuj w nim soczewicę, aż zacznie wrzeć.
c) Zmniejsz ogień i załóż pokrywkę. Gotuj soczewicę przez 22 minuty. Usuń je z wody.
d) Przygotuj małą miskę do miksowania: połącz w niej oliwę z oliwek, ocet i czosnek. Dobrze je wymieszaj, aby przygotować dressing.
e) Przygotuj dużą miskę do miksowania: wymieszaj w niej soczewicę, sos, oliwki, ser feta, czerwoną cebulę, miętę i koperek, dopraw solą i pieprzem.
f) Owiń miskę sałatkową folią spożywczą i włóż ją do lodówki na 2 godziny 30 minut. Dopraw sałatkę i podawaj.
g) Cieszyć się.

7.Sałatka z orzechowym makaronem Gorgonzola

SKŁADNIKI:
- 2 funty końcówek polędwicy wołowej, pokrojonej w kostkę
- 1/2 szklanki czerwonego wina
- 1/2 żółtej cebuli, posiekanej
- 1 (1,25 uncji) opakowanie mieszanki wołowiny z zupą cebulową
- 2 (10,75 uncji) puszki skondensowanej zupy kremowo-grzybowej
- 2 (16 uncji) opakowania makaronu jajecznego
- 1 szklanka mleka

INSTRUKCJE:
a) Rozgrzej dużą patelnię na średnim ogniu i mieszając smaż wołowinę i cebulę przez około 5
b) minuty.
c) W międzyczasie w misce wymieszaj zupę grzybową, wino, mleko i mieszankę zupy.
d) Umieść mieszaninę na patelni i zagotuj.
e) Zmniejsz ogień do małego i gotuj pod przykryciem przez około 2 godziny.
f) Zmniejsz ogień do najniższego poziomu i gotuj na wolnym ogniu pod przykryciem przez około 4 godziny.
g) W dużym garnku z lekko osolonym wrzątkiem gotuj makaron jajeczny przez około 5 minut.
h) Dobrze odcedź.
i) Połóż mieszankę wołową na makaronie i podawaj.

8.Sałatka ze świeżego makaronu cytrynowego

SKŁADNIKI:

- 1 (16 uncji) opakowanie trójkolorowego makaronu rotini
- 1 szczypta soli i mielonego czarnego pieprzu do smaku
- 2 pomidory pozbawione nasion i pokrojone w kostkę
- 2 ogórki - obrane, pozbawione gniazd nasiennych i pokrojone w kostkę
- 1 awokado, pokrojone w kostkę
- 1 wyciśnij sok z cytryny
- 1 (4 uncje) puszka czarnych oliwek pokrojonych w plasterki
- 1/2 szklanki sosu włoskiego lub więcej do smaku
- 1/2 szklanki startego parmezanu

INSTRUKCJE:

a) Ugotuj makaron zgodnie z instrukcją na opakowaniu.
b) Przygotuj dużą miskę do miksowania: wymieszaj w niej makaron, pomidory, ogórki, oliwki, sos włoski, parmezan, sól i pieprz. Dobrze je wymieszaj.
c) Makaron włożyć do lodówki na 1 h 15 minut.
d) Przygotuj małą miskę do miksowania: wymieszaj w niej sok z cytryny z awokado. Wymieszaj awokado z sałatką z makaronem i podawaj.
e) Cieszyć się.

9. Klasyczna sałatka z makaronem i serem

SKŁADNIKI:
- 2 szklanki makaronu łokciowego, ugotowanego i ostudzonego
- 1 szklanka ostrego sera Cheddar, pokrojonego w kostkę
- 1/2 szklanki majonezu
- 1/4 szklanki kwaśnej śmietany
- 1 łyżka musztardy Dijon
- 1/2 łyżeczki czosnku w proszku
- Sól i pieprz do smaku
- Posiekana świeża natka pietruszki do dekoracji (opcjonalnie)

INSTRUKCJE:
a) W dużej misce wymieszaj ugotowany makaron i kostki sera Cheddar.
b) W osobnej misce wymieszaj majonez, śmietanę, musztardę Dijon i proszek czosnkowy.
c) Sosem polej makaron z serem i równomiernie wymieszaj.
d) Dopraw solą i pieprzem do smaku.
e) W razie potrzeby udekoruj posiekaną świeżą pietruszką.
f) Przed podaniem schłodzić w lodówce co najmniej 1 godzinę.

10. Sałatka Tortellini z Trzech Serów

SKŁADNIKI:
- 1 funt tortellini z trójkolorowego sera, ugotowanego i schłodzonego
- 1 szklanka sera mozzarella, pokrojonego w kostkę
- 1/2 szklanki sera feta, pokruszonego
- 1/4 szklanki startego parmezanu
- 1 szklanka pomidorków koktajlowych, przekrojonych na połówki
- 1/4 szklanki czerwonej cebuli, drobno posiekanej
- 1/4 szklanki świeżej bazylii, posiekanej
- 1/3 szklanki sosu balsamicznego winegret

INSTRUKCJE:
a) W dużej misce wymieszaj tortellini, mozzarellę, fetę, parmezan, pomidorki koktajlowe, czerwoną cebulę i świeżą bazylię.
b) Sałatkę skrop balsamicznym winegretem i wymieszaj.
c) Przed podaniem przechowywać w lodówce co najmniej 1 godzinę.

11. Sałatka penne z pesto i suszonymi pomidorami

SKŁADNIKI:
- 2 szklanki makaronu penne, ugotowanego i ostudzonego
- 1/2 szklanki suszonych pomidorów, posiekanych
- 1/2 szklanki startego parmezanu
- 1/3 szklanki orzeszków piniowych, prażonych
- 1 szklanka szpinaku baby
- 1/2 szklanki sosu pesto
- Sól i pieprz do smaku

INSTRUKCJE:
a) W dużej misce wymieszaj makaron penne, suszone pomidory, parmezan, orzeszki piniowe i młody szpinak.
b) Dodaj sos pesto i mieszaj, aż wszystko zostanie dobrze pokryte.
c) Dopraw solą i pieprzem do smaku.
d) Przed podaniem schłodzić w lodówce co najmniej 1 godzinę.

12. Sałatka z makaronem Cheddar i brokułami Bowtie

SKŁADNIKI:
- 2 szklanki makaronu muszkowego, ugotowanego i ostudzonego
- 1 szklanka ostrego sera Cheddar, startego
- 1 szklanka różyczek brokułów, blanszowanych i posiekanych
- 1/4 szklanki czerwonej cebuli, drobno posiekanej
- 1/2 szklanki majonezu
- 2 łyżki białego octu
- 1 łyżka cukru
- Sól i pieprz do smaku

INSTRUKCJE:
a) W dużej misce wymieszaj makaron muszkowy, ser cheddar, brokuły i czerwoną cebulę.
b) W osobnej misce wymieszaj majonez, biały ocet, cukier, sól i pieprz.
c) Polej dressingiem makaron i mieszaj, aż pokryje się równomiernie.
d) Przed podaniem przechowywać w lodówce co najmniej 1 godzinę.

13. Sałatka Grecka Orzo z Fetą

SKŁADNIKI:

- 1 szklanka makaronu orzo, ugotowanego i ostudzonego
- 1/2 szklanki sera feta, pokruszonego
- 1 szklanka ogórka, pokrojonego w kostkę
- 1 szklanka pomidorków koktajlowych, przekrojonych na połówki
- 1/4 szklanki czerwonej cebuli, drobno posiekanej
- 1/4 szklanki oliwek Kalamata, pokrojonych w plasterki
- 1/4 szklanki posiekanej świeżej pietruszki
- 1/3 szklanki sosu do sałatki greckiej

INSTRUKCJE:

a) W dużej misce wymieszaj makaron orzo, ser feta, ogórek, pomidorki koktajlowe, czerwoną cebulę, oliwki i świeżą pietruszkę.
b) Sałatkę polej sosem do sałatek greckich i wymieszaj.
c) Przed podaniem przechowywać w lodówce co najmniej 1 godzinę.

SAŁATKI Z GRILLOWANEGO MAKARONU

14. Sałatka z grillowanym warzywnym makaronem Fusilli

SKŁADNIKI:
SAŁATKA MAKARONOWA
- 1 funt fusilli
- 2 szklanki pokrojonej w kostkę grillowanej czerwonej i żółtej papryki
- 2 szklanki przekrojonych na połówki pomidorków koktajlowych
- 2 szklanki pokrojonej w kostkę cebuli z grilla
- 2 szklanki winegretu z czerwonego wina

WINEGRET Z CZERWONEGO WINA
- 1 szklanka oliwy z oliwek z pierwszego tłoczenia
- ⅓ octu winnego z czerwonego wina
- 2 łyżki wody
- 4 ząbki czosnku, drobno starte
- 2 łyżeczki musztardy Dijon
- 2 łyżeczki suszonego oregano
- 2 łyżeczki cebuli granulowanej
- 1 szczypta pokruszonych płatków chili
- 2 łyżeczki soli koszernej
- 1 łyżeczka świeżo zmielonego czarnego pieprzu
- 2 łyżki miodu

INSTRUKCJE
WINIGRET Z CZERWONEGO WINA:
a) Połącz wszystkie składniki w pojemniku ze szczelną pokrywką.
b) Dobrze wstrząśnij i przechowuj w lodówce do momentu użycia.

SAŁATKA MAKARONOWA
c) Przygotuj makaron według przepisu na opakowaniu.
d) Po ugotowaniu odcedzić fusilli i ostudzić w zimnej wodzie, aby zatrzymać proces gotowania.
e) Makaron przełożyć do sporej miski i wymieszać z pozostałymi składnikami.
f) Dokładnie wymieszaj, a następnie pozostaw na noc.

15. Sałatka z grillowanymi warzywami i makaronem z pesto

SKŁADNIKI:
- 2 szklanki makaronu fusilli, ugotowanego i ostudzonego
- 1 cukinia, pokrojona w plasterki
- 1 czerwona papryka, pokrojona w plasterki
- 1 żółta papryka, pokrojona w plasterki
- 1 szklanka pomidorków koktajlowych, przekrojonych na połówki
- 1/2 szklanki czerwonej cebuli, pokrojonej w cienkie plasterki
- 1/4 szklanki sosu pesto
- 2 łyżki oliwy z oliwek
- Sól i pieprz do smaku
- Tarty parmezan do dekoracji

INSTRUKCJE:
a) Cukinię, czerwoną i żółtą paprykę wymieszać z oliwą, solą i pieprzem.
b) Grilluj warzywa, aż będą widoczne ślady grillowania i będą miękkie.
c) W dużej misce połącz makaron, grillowane warzywa, pomidorki koktajlowe i czerwoną cebulę.
d) Dodaj sos pesto i mieszaj, aż równomiernie się nim pokryje.
e) Udekoruj tartym parmezanem.
f) Przed podaniem przechowywać w lodówce co najmniej 1 godzinę.

16. Sałatka Cezar z Grillowanym Kurczakiem

SKŁADNIKI:

- 2 szklanki makaronu penne, ugotowanego i ostudzonego
- 1 funt piersi z kurczaka, grillowanej i pokrojonej w plasterki
- 1 szklanka pomidorków koktajlowych, przekrojonych na połówki
- 1/2 szklanki czarnych oliwek, pokrojonych w plasterki
- 1/4 szklanki czerwonej cebuli, drobno posiekanej
- 1/2 szklanki sosu Cezar
- 1/4 szklanki startego parmezanu
- Świeża natka pietruszki do dekoracji

INSTRUKCJE:

a) Grilluj pierś kurczaka, aż będzie całkowicie ugotowana, a następnie pokrój ją w plasterki.
b) W dużej misce połącz makaron, grillowanego kurczaka, pomidorki koktajlowe, czarne oliwki i czerwoną cebulę.
c) Dodaj sos Cezar i mieszaj, aż składniki dobrze się połączą.
d) Posypać tartym parmezanem i udekorować świeżą natką pietruszki.
e) Przed podaniem przechowywać w lodówce co najmniej 1 godzinę.

17. Sałatka z grillowanymi krewetkami i makaronem z awokado

SKŁADNIKI:
- 2 szklanki makaronu rotini, ugotowanego i ostudzonego
- 1 funt dużych krewetek, grillowanych
- 1 awokado, pokrojone w kostkę
- 1 szklanka pomidorków koktajlowych, przekrojonych na połówki
- 1/4 szklanki czerwonej cebuli, drobno posiekanej
- 1/4 szklanki posiekanej kolendry
- Sok z 2 limonek
- 2 łyżki oliwy z oliwek
- Sól i pieprz do smaku

INSTRUKCJE:
a) Grilluj krewetki, aż będą nieprzezroczyste i będą widoczne ślady grillowania.
b) W dużej misce połącz makaron, grillowane krewetki, pokrojone w kostkę awokado, pomidorki koktajlowe, czerwoną cebulę i kolendrę.
c) Skropić sokiem z limonki i oliwą z oliwek, następnie doprawić solą i pieprzem.
d) Mieszaj, aż dobrze się połączą.
e) Przed podaniem przechowywać w lodówce co najmniej 1 godzinę.

18. Letnia sałatka z grillowanych warzyw i makaronu feta

SKŁADNIKI:
- 2 szklanki makaronu farfalle, ugotowanego i ostudzonego
- 1 bakłażan, pokrojony w plasterki
- 2 cukinie, pokrojone w plasterki
- 1 szklanka pomidorków koktajlowych, przekrojonych na połówki
- 1/2 szklanki pokruszonego sera feta
- 1/4 szklanki świeżej bazylii, posiekanej
- 3 łyżki winegretu balsamicznego
- Sól i pieprz do smaku

INSTRUKCJE:
a) Plastry bakłażana i cukinii wymieszać z oliwą, solą i pieprzem.
b) Grilluj warzywa, aż będą widoczne ślady grillowania i będą miękkie.
c) W dużej misce połącz makaron, grillowane warzywa, pomidorki koktajlowe, ser feta i świeżą bazylię.
d) Skropić sosem balsamicznym i wymieszać, aż dobrze się nim pokryje.
e) Przed podaniem przechowywać w lodówce co najmniej 1 godzinę.

19. Sałatka z makaronem z grillowaną kukurydzą i czarną fasolą

SKŁADNIKI:
- 2 szklanki makaronu muszkowego, ugotowanego i ostudzonego
- 2 kłosy kukurydzy, grillowane i usunięte z ziaren
- 1 puszka (15 uncji) czarnej fasoli, przepłukana i odsączona
- 1 czerwona papryka, pokrojona w kostkę
- 1/4 szklanki czerwonej cebuli, drobno posiekanej
- 1/4 szklanki świeżej kolendry, posiekanej
- Sok z 2 limonek
- 3 łyżki oliwy z oliwek
- 1 łyżeczka kminku
- Sól i pieprz do smaku

INSTRUKCJE:
a) Grilluj kukurydzę, aż jądra będą ładnie zwęglone, a następnie usuń ją.
b) W dużej misce połącz makaron, grillowaną kukurydzę, czarną fasolę, czerwoną paprykę, czerwoną cebulę i kolendrę.
c) W małej misce wymieszaj sok z limonki, oliwę z oliwek, kminek, sól i pieprz.
d) Sosem polej mieszaninę makaronu i mieszaj, aż składniki dobrze się połączą.
e) Przed podaniem przechowywać w lodówce co najmniej 1 godzinę.

20.Sałatka z grillowanym kurczakiem i pesto tortellini

SKŁADNIKI:
- 2 szklanki trójkolorowego tortellini, ugotowane i ostudzone
- 1 funt grillowanej piersi z kurczaka, pokrojonej w plasterki
- 1 szklanka pomidorków koktajlowych, przekrojonych na połówki
- 1/2 szklanki posiekanej pieczonej czerwonej papryki
- 1/4 szklanki orzeszków piniowych, prażonych
- 1/2 szklanki świeżych kulek mozzarelli
- 1/3 szklanki pesto bazyliowego
- 3 łyżki oliwy z oliwek extra virgin
- Sól i pieprz do smaku

INSTRUKCJE:
a) W dużej misce wymieszaj tortellini, grillowanego kurczaka, pomidorki koktajlowe, pieczoną czerwoną paprykę, orzeszki piniowe i kulki mozzarelli.
b) W małej misce wymieszaj pesto bazyliowe i oliwę z oliwek.
c) Polej dressingiem makaron i mieszaj, aż będzie dobrze pokryty.
d) Dopraw solą i pieprzem do smaku.
e) Przed podaniem przechowywać w lodówce co najmniej 1 godzinę.

21.Sałatka z grillowanych warzyw i fety orzo

SKŁADNIKI:
- 2 szklanki makaronu orzo, ugotowanego i ostudzonego
- 1 cukinia, pokrojona w plasterki i grillowana
- 1 czerwona papryka, grillowana i posiekana
- 1 żółta papryka, grillowana i posiekana
- 1/2 szklanki czerwonej cebuli, grillowanej i drobno posiekanej
- 1/2 szklanki pokruszonego sera feta
- 1/4 szklanki świeżej bazylii, posiekanej
- 3 łyżki winegretu balsamicznego
- Sól i pieprz do smaku

INSTRUKCJE:
a) Grilluj cukinię, czerwoną paprykę i czerwoną cebulę, aż pojawią się ślady grillowania.
b) W dużej misce wymieszaj makaron orzo, grillowane warzywa, ser feta i świeżą bazylię.
c) Skropić sosem balsamicznym i wymieszać, aż składniki dobrze się połączą.
d) Dopraw solą i pieprzem do smaku.
e) Przed podaniem przechowywać w lodówce co najmniej 1 godzinę.

22. Sałatka z grillowanym tofu i makaronem sezamowym

SKŁADNIKI:
- 2 szklanki makaronu soba, ugotowanego i ostudzonego
- 1 blok bardzo twardego tofu, grillowanego i pokrojonego w kostkę
- 1 szklanka groszku, blanszowanego i pokrojonego w plasterki
- 1/2 szklanki startej marchewki
- 1/4 szklanki posiekanej zielonej cebuli
- 2 łyżki nasion sezamu, uprażonych
- 1/3 szklanki sosu sojowego
- 2 łyżki oleju sezamowego
- 1 łyżka octu ryżowego
- 1 łyżka miodu

INSTRUKCJE:
a) Grilluj tofu, aż pojawią się na nim ślady grillowania, a następnie pokrój je w kostkę.
b) W dużej misce połącz makaron soba, grillowane tofu, groszek cukrowy, posiekaną marchewkę, zieloną cebulę i nasiona sezamu.
c) W małej misce wymieszaj sos sojowy, olej sezamowy, ocet ryżowy i miód.
d) Polej sosem mieszankę makaronową i mieszaj, aż będzie dobrze pokryta.
e) Przed podaniem przechowywać w lodówce co najmniej 1 godzinę.

23. Sałatka z grillowanym miecznikiem i orzo

SKŁADNIKI:
- 2 szklanki makaronu orzo, ugotowanego i ostudzonego
- 1 funtowy stek z miecznika, grillowany i płatkowany
- 1 szklanka pomidorków koktajlowych, przekrojonych na połówki
- 1/2 szklanki ogórka, pokrojonego w kostkę
- 1/4 szklanki oliwek Kalamata, pokrojonych w plasterki
- 1/4 szklanki czerwonej cebuli, drobno posiekanej
- 1/2 szklanki pokruszonego sera feta
- 1/3 szklanki sosu greckiego
- Świeże oregano do dekoracji
- Sól i pieprz do smaku

INSTRUKCJE:
a) Grilluj stek z miecznika, aż będzie całkowicie ugotowany, a następnie pokrój go w płatki.
b) W dużej misce wymieszaj makaron orzo, grillowany miecznik, pomidorki koktajlowe, ogórek, oliwki Kalamata, czerwoną cebulę i ser feta.
c) Dodaj sos grecki i mieszaj, aż dobrze się wymiesza.
d) Udekoruj świeżym oregano.
e) Przed podaniem przechowywać w lodówce co najmniej 1 godzinę.

24.Sałatka z makaronem z grilla i szparagami

SKŁADNIKI:
- 2 szklanki makaronu muszkowego, ugotowanego i ostudzonego
- 1 funt przegrzebków, grillowanych
- 1 szklanka szparagów, grillowanych i posiekanych
- 1/4 szklanki suszonych pomidorów, posiekanych
- 1/4 szklanki świeżej bazylii, posiekanej
- 3 łyżki oliwy z oliwek extra virgin
- Sok z 2 cytryn
- Sól i pieprz do smaku

INSTRUKCJE:
a) Grilluj przegrzebki, aż będą widoczne ślady grillowania.
b) Grilluj szparagi do miękkości i pokrój je na kawałki wielkości kęsa.
c) W dużej misce wymieszaj makaron, grillowane przegrzebki, grillowane szparagi, suszone pomidory i świeżą bazylię.
d) W małej misce wymieszaj oliwę z oliwek i sok z cytryny.
e) Sosem polej mieszaninę makaronu i mieszaj, aż składniki dobrze się połączą.
f) Dopraw solą i pieprzem do smaku.
g) Przed podaniem przechowywać w lodówce co najmniej 1 godzinę.

SAŁATKA Z MAKARONEM RYB I Owoców Morza

25. Sałatka z makaronem z tuńczykiem i karczochami

SKŁADNIKI:

- 2 szklanki makaronu fusilli, ugotowanego i ostudzonego
- 1 puszka (6 uncji) tuńczyka, odsączonego i płatkowanego
- 1 szklanka pomidorków koktajlowych, przekrojonych na połówki
- 1/2 szklanki marynowanych serc karczochów, posiekanych
- 1/4 szklanki czarnych oliwek, pokrojonych w plasterki
- 2 łyżki kaparów
- 1/4 szklanki czerwonej cebuli, drobno posiekanej
- 2 łyżki posiekanej świeżej pietruszki
- 3 łyżki oliwy z oliwek
- 2 łyżki czerwonego octu winnego
- Sól i pieprz do smaku

INSTRUKCJE:

a) W dużej misce połącz makaron, tuńczyka, pomidorki koktajlowe, serca karczochów, oliwki, kapary, czerwoną cebulę i pietruszkę.
b) W małej misce wymieszaj oliwę z oliwek, ocet z czerwonego wina, sól i pieprz.
c) Sosem polej mieszaninę makaronu i mieszaj, aż składniki dobrze się połączą.
d) Przed podaniem przechowywać w lodówce co najmniej 1 godzinę.

26.Sałatka z makaronem z krewetkami i awokado

SKŁADNIKI:

- 2 szklanki makaronu penne, ugotowanego i ostudzonego
- 1 funt gotowanych krewetek, obranych i oczyszczonych
- 2 awokado, pokrojone w kostkę
- 1 szklanka pomidorków koktajlowych, przekrojonych na połówki
- 1/4 szklanki czerwonej cebuli, drobno posiekanej
- 1/4 szklanki świeżej kolendry, posiekanej
- Sok z 2 limonek
- 3 łyżki oliwy z oliwek
- Sól i pieprz do smaku

INSTRUKCJE:

a) W dużej misce połącz makaron, krewetki, awokado, pomidorki koktajlowe, czerwoną cebulę i kolendrę.
b) Skropić sokiem z limonki i oliwą z oliwek, następnie doprawić solą i pieprzem.
c) Mieszaj, aż dobrze się połączą.
d) Przed podaniem przechowywać w lodówce co najmniej 1 godzinę.

27. Sałatka z makaronem wędzonym łososiem i koperkiem

SKŁADNIKI:
- 2 szklanki makaronu rotini, ugotowanego i ostudzonego
- 4 uncje wędzonego łososia, posiekanego
- 1/2 szklanki ogórka, pokrojonego w kostkę
- 1/4 szklanki czerwonej cebuli, drobno posiekanej
- 2 łyżki kaparów
- 1/4 szklanki świeżego koperku, posiekanego
- 1/3 szklanki zwykłego jogurtu greckiego
- Sok z 1 cytryny
- Sól i pieprz do smaku

INSTRUKCJE:
a) W dużej misce połącz makaron, wędzonego łososia, ogórka, czerwoną cebulę, kapary i koperek.
b) W małej misce wymieszaj jogurt grecki i sok z cytryny.
c) Wlać mieszaninę jogurtu na makaron i mieszać, aż będzie dobrze pokryty.
d) Dopraw solą i pieprzem do smaku.
e) Przed podaniem przechowywać w lodówce co najmniej 1 godzinę.

28. Sałatka z makaronem z kraba i mango

SKŁADNIKI:

- 2 szklanki makaronu farfalle, ugotowanego i ostudzonego
- 1 funt kawałka mięsa krabowego, zebranego
- 1 mango, pokrojone w kostkę
- 1/2 szklanki czerwonej papryki, pokrojonej w kostkę
- 1/4 szklanki czerwonej cebuli, drobno posiekanej
- 1/4 szklanki świeżej kolendry, posiekanej
- Sok z 2 limonek
- 3 łyżki majonezu
- Sól i pieprz do smaku

INSTRUKCJE:

a) W dużej misce połącz makaron, kawałki mięsa kraba, mango, czerwoną paprykę, czerwoną cebulę i kolendrę.
b) W małej misce wymieszaj sok z limonki i majonez.
c) Sosem polej mieszaninę makaronu i mieszaj, aż składniki dobrze się połączą.
d) Dopraw solą i pieprzem do smaku.
e) Przed podaniem przechowywać w lodówce co najmniej 1 godzinę.

29. Sałatka z makaronem z przegrzebkami i szparagami

SKŁADNIKI:
- 2 szklanki makaronu gemelli, ugotowanego i ostudzonego
- 1 funt przegrzebków, smażonych
- 1 szklanka szparagów, blanszowanych i posiekanych
- 1/4 szklanki suszonych pomidorów, posiekanych
- 2 łyżki orzeszków piniowych, uprażonych
- 1/4 szklanki świeżej bazylii, posiekanej
- 3 łyżki oliwy z oliwek extra virgin
- Sok z 1 cytryny
- Sól i pieprz do smaku

INSTRUKCJE:
a) W dużej misce wymieszaj makaron, smażone przegrzebki, szparagi, suszone pomidory, orzeszki piniowe i bazylię.
b) W małej misce wymieszaj oliwę z oliwek i sok z cytryny.
c) Sosem polej mieszaninę makaronu i mieszaj, aż składniki dobrze się połączą.
d) Dopraw solą i pieprzem do smaku.
e) Przed podaniem przechowywać w lodówce co najmniej 1 godzinę.

30. Krewetki cytrynowo-czosnkowe i sałatka Orzo

SKŁADNIKI:

- 2 szklanki makaronu orzo, ugotowanego i ostudzonego
- 1 funt dużych krewetek, ugotowanych i obranych
- 1 szklanka pomidorków koktajlowych, przekrojonych na połówki
- 1/2 szklanki oliwek Kalamata, pokrojonych w plasterki
- 1/4 szklanki czerwonej cebuli, drobno posiekanej
- 2 łyżki posiekanej świeżej pietruszki
- Skórka i sok z 2 cytryn
- 3 łyżki oliwy z oliwek extra virgin
- Sól i pieprz do smaku

INSTRUKCJE:

a) W dużej misce połącz makaron orzo, gotowane krewetki, pomidorki koktajlowe, oliwki Kalamata, czerwoną cebulę i pietruszkę.
b) W małej misce wymieszaj skórkę z cytryny, sok z cytryny, oliwę z oliwek, sól i pieprz.
c) Polej dressingiem makaron i mieszaj, aż będzie dobrze pokryty.
d) Przed podaniem przechowywać w lodówce co najmniej 1 godzinę.

31. Sałatka z makaronem z grillowanym tuńczykiem i białą fasolą

SKŁADNIKI:

- 2 szklanki makaronu rotini lub fusilli, ugotowanego i ostudzonego
- 1 puszka (15 uncji) białej fasoli, odsączona i przepłukana
- 1/2 szklanki pomidorków cherry, przekrojonych na połówki
- 1/4 szklanki czerwonej cebuli, drobno posiekanej
- 1/4 szklanki oliwek Kalamata, pokrojonych w plasterki
- 1/4 szklanki świeżej bazylii, posiekanej
- 2 puszki (po 5 uncji) tuńczyka, odsączonego i płatkowanego
- 3 łyżki czerwonego octu winnego
- 2 łyżki oliwy z oliwek extra virgin
- Sól i pieprz do smaku

INSTRUKCJE:

a) W dużej misce połącz makaron, białą fasolę, pomidorki koktajlowe, czerwoną cebulę, oliwki, bazylię i tuńczyka.
b) W małej misce wymieszaj ocet winny, oliwę z oliwek, sól i pieprz.
c) Sosem polej mieszaninę makaronu i mieszaj, aż składniki dobrze się połączą.
d) Przed podaniem przechowywać w lodówce co najmniej 1 godzinę.

32. Sałatka z makaronem z kolendrą, limonką i łososiem

SKŁADNIKI:

- 2 szklanki makaronu muszkowego, ugotowanego i ostudzonego
- 1 funt filetu z łososia, grillowanego i płatkowanego
- 1 szklanka ziaren kukurydzy, ugotowanych (świeżych lub mrożonych)
- 1/2 szklanki czerwonej papryki, pokrojonej w kostkę
- 1/4 szklanki czerwonej cebuli, drobno posiekanej
- 1/4 szklanki świeżej kolendry, posiekanej
- Sok z 2 limonek
- 3 łyżki majonezu
- Sól i pieprz do smaku

INSTRUKCJE:

a) W dużej misce połącz makaron, grillowanego łososia, kukurydzę, czerwoną paprykę, czerwoną cebulę i kolendrę.
b) W małej misce wymieszaj sok z limonki i majonez.
c) Sosem polej mieszaninę makaronu i mieszaj, aż składniki dobrze się połączą.
d) Dopraw solą i pieprzem do smaku.
e) Przed podaniem przechowywać w lodówce co najmniej 1 godzinę.

33.Sałatka z makaronem z homarem i mango

SKŁADNIKI:

- 2 szklanki makaronu penne, ugotowanego i ostudzonego
- 1 funt mięsa homara, ugotowanego i posiekanego
- 1 mango, pokrojone w kostkę
- 1/2 szklanki ogórka, pokrojonego w kostkę
- 1/4 szklanki czerwonej cebuli, drobno posiekanej
- 1/4 szklanki świeżej mięty, posiekanej
- Sok z 2 limonek
- 3 łyżki oliwy z oliwek extra virgin
- Sól i pieprz do smaku

INSTRUKCJE:

a) W dużej misce połącz makaron, mięso homara, mango, ogórek, czerwoną cebulę i miętę.
b) W małej misce wymieszaj sok z limonki, oliwę z oliwek, sól i pieprz.
c) Sosem polej mieszaninę makaronu i mieszaj, aż składniki dobrze się połączą.
d) Przed podaniem przechowywać w lodówce co najmniej 1 godzinę.

34. Śródziemnomorska Sałatka Z Makaronem Tzatziki Z Krewetkami

SKŁADNIKI:
- 2 szklanki makaronu fusilli, ugotowanego i ostudzonego
- 1 funt gotowanych krewetek, obranych i oczyszczonych
- 1 szklanka pomidorków koktajlowych, przekrojonych na połówki
- 1/2 szklanki ogórka, pokrojonego w kostkę
- 1/4 szklanki czerwonej cebuli, drobno posiekanej
- 1/3 szklanki oliwek Kalamata, pokrojonych w plasterki
- 1/2 szklanki pokruszonego sera feta
- 1/2 szklanki sosu tzatziki
- Świeży koperek do dekoracji
- Sól i pieprz do smaku

INSTRUKCJE:
a) W dużej misce połącz makaron, ugotowane krewetki, pomidorki koktajlowe, ogórek, czerwoną cebulę, oliwki i ser feta.
b) Dodaj sos tzatziki i mieszaj, aż dobrze się wymiesza.
c) Dopraw solą i pieprzem do smaku.
d) Udekoruj świeżym koperkiem.
e) Przed podaniem przechowywać w lodówce co najmniej 1 godzinę.

35.Sałatka z makaronem z krewetkami i pomidorami wiśniowymi

SKŁADNIKI:
- ¾ funtów krewetek, gotowanych na różowo, około 2 minut i odsączonych
- 12 uncji makaronu rotini

WARZYWA
- 1 cukinia, posiekana
- 2 żółte papryki, pokrojone w ćwiartki
- 10 pomidorków winogronowych przekrojonych na połówki
- ½ łyżeczki soli
- ½ białej cebuli, pokrojonej w cienkie plasterki
- ¼ szklanki czarnych oliwek, pokrojonych w plasterki
- 2 szklanki szpinaku baby

KREMOWY SOS
- 4 łyżki niesolonego masła
- 4 łyżki mąki uniwersalnej
- ½ łyżeczki soli
- 1 łyżeczka czosnku w proszku
- 1 łyżeczka proszku cebulowego
- 4 łyżki drożdży odżywczych
- 2 szklanki mleka
- 2 łyżki soku z cytryny

DO SERWOWANIA
- Czarny pieprz

INSTRUKCJE
MAKARON:
a) Przygotuj makaron al dente zgodnie z instrukcją na pudełku.
b) Odcedź, a następnie odłóż na bok.

WARZYWA:
c) Postaw patelnię na umiarkowanym ogniu i dodaj odrobinę oleju.
d) Od czasu do czasu mieszając, smaż cukinię, paprykę, cebulę i sól przez 8 minut.
e) Dodaj pomidory i gotuj przez kolejne 3 minuty lub do momentu, aż warzywa będą miękkie.
f) Dodaj szpinak i smaż przez około 3 minuty lub do momentu, aż zwiędnie.

KREMOWY SOS:
g) W garnku ustawionym na umiarkowanym ogniu rozpuść masło.

h) Dodać mąkę i delikatnie wymieszać, aż powstanie gładka pasta.
i) Dodać mleko i ponownie ubić.
j) Wymieszaj pozostałe składniki sosu i gotuj na wolnym ogniu przez około 5 minut.

ZŁOŻYĆ:

k) W misce połącz ugotowane krewetki, ugotowany makaron, warzywa, czarne oliwki i kremowy sos.
l) Udekoruj odrobiną mielonego czarnego pieprzu.

36. Sałatka z orzechowym tuńczykiem i makaronem

SKŁADNIKI:
- 1 główka brokułu, podzielona na różyczki
- 8 dużych czarnych oliwek, pokrojonych w plasterki
- 1 funt makaronu penne
- 1/2 szklanki kawałków orzechów włoskich, prażonych
- 1 funt świeżych steków z tuńczyka
- 4 ząbki czosnku, posiekane
- 1/4 szklanki wody
- 2 łyżki posiekanej świeżej natki pietruszki
- 2 łyżki świeżego soku z cytryny
- 4 filety z sardeli, opłukane
- 1/4 szklanki białego wina
- 3/4 szklanki oliwy z oliwek
- 4 średnie pomidory pokrojone w ćwiartki
- 1 funt sera mozzarella, pokrojonego w kostkę

INSTRUKCJE:
a) Ugotuj makaron zgodnie z instrukcją na opakowaniu.
b) Zagotuj osolony garnek wody. Gotuj w nim brokuły przez 5 minut. Wyjmij go z wody i odłóż na bok.
c) Postaw dużą patelnię na średnim ogniu. Wymieszaj tuńczyka z wodą, białym winem i sokiem z cytryny. załóż pokrywkę i gotuj, aż łosoś będzie gotowy, przez około 8 do 12 minut.
d) Filety z łososia panierujemy w kawałki.
e) Przygotuj dużą miskę do miksowania: wrzuć do niej ugotowanego łososia z brokułami, penne, rybą, pomidorami, serem, oliwkami, orzechami włoskimi, czosnkiem i natką pietruszki. Dobrze je wymieszaj.
f) Postaw dużą patelnię na średnim ogniu. Rozgrzej w nim olej. Anchois pokroić na małe kawałki. Smaż je na rozgrzanej patelni, aż roztopią się w oleju.
g) Wmieszaj mieszankę do sałatki z makaronem i dobrze wymieszaj. Podawaj od razu sałatkę z makaronem.

SAŁATKA Z MAKARONEM DROBIOWYM

37. Polędwiczki z Kurczaka i Sałatka Farfalle

SKŁADNIKI:

- 6 jaj
- 3 zielone cebule, pokrojone w cienkie plasterki
- 1 (16 uncji) opakowanie makaronu farfalle (muszka).
- 1/2 czerwonej cebuli, posiekanej
- 1/2 (16 uncji) butelki sosu sałatkowego w stylu włoskim
- 6 kawałków kurczaka
- 1 ogórek, pokrojony w plasterki
- 4 serca sałaty rzymskiej, pokrojone w cienkie plasterki
- 1 pęczek rzodkiewek, obranych i pokrojonych w plasterki
- 2 marchewki, obrane i pokrojone w plasterki

INSTRUKCJE:

a) Jajka włóż do dużego rondla i zalej wodą. Gotuj jajka na średnim ogniu, aż zaczną się gotować.
b) Wyłącz ogień i pozostaw jajka na 16 minut. Przepłucz jajka zimną wodą, aby straciły ciepło.
c) Obierz jajka i pokrój je, a następnie odłóż na bok.
d) Umieść kawałki kurczaka w dużym rondlu. Zalej je 1/4 szklanki wody. Gotuj je na średnim ogniu, aż kurczak będzie gotowy.
e) Odcedź kawałki kurczaka i pokrój je na małe kawałki.
f) Przygotuj dużą miskę do miksowania: wrzuć do niej makaron, kurczaka, jajka, ogórek, rzodkiewki, marchewkę, zieloną cebulę i czerwoną cebulę. Dodać sos włoski i ponownie wymieszać.
g) Sałatkę wkładamy do lodówki na 1 h 15 minut.
h) Połóż serca sałat na talerzach. Rozłóż sałatkę pomiędzy nimi. Podawaj je od razu.
i) Cieszyć się.

38.Kremowa sałatka z makaronem Penn

SKŁADNIKI:
- 1 (16 uncji) pudełko makaronu mini penne
- 1/3 szklanki posiekanej czerwonej cebuli
- 1 1/2 funta posiekanego gotowanego kurczaka
- 1/2 (8 uncji) butelki kremowego sosu do sałatki Cezar
- 1/2 szklanki pokrojonej w kostkę zielonej papryki
- 2 jajka na twardo, posiekane
- 1/3 szklanki startego parmezanu

INSTRUKCJE:
a) Ugotuj makaron zgodnie z instrukcją na opakowaniu.
b) Przygotuj dużą miskę do miksowania: wrzuć do niej makaron, kurczaka, zieloną paprykę, jajka, parmezan i czerwoną cebulę.
c) Dodać dressing i dobrze wymieszać. Miskę przykrywamy i wstawiamy do lodówki na 2 h 15
d) minuty. Dopraw sałatkę i podawaj.
e) Cieszyć się.

39. Sałatka z Fety i Pieczonego Indyka

SKŁADNIKI:

- 1 1/2 szklanki oliwy z oliwek
- 3 szklanki ugotowanego makaronu penne
- 1/2 szklanki czerwonego octu winnego
- 1 litr pomidorów winogronowych, przekrojonych na pół
- 1 łyżka posiekanego świeżego czosnku
- 8 uncji pokruszony ser feta
- 2 łyżeczki suszonych liści oregano
- 1 (5 uncji) opakowanie mieszanki sałat wiosennych
- 3 szklanki pieczonej w piekarniku piersi z indyka, pokrojonej w grube plastry i kostkę
- 1/2 szklanki posiekanej włoskiej pietruszki
- 1/2 szklanki cienko pokrojonej czerwonej cebuli
- 1 (16 uncji) słoik pozbawionych pestek oliwek Kalamata, odsączonych i posiekanych

INSTRUKCJE:

a) Przygotuj małą miskę do miksowania: połącz w niej oliwę z oliwek, ocet, czosnek i oregano. Dobrze je wymieszaj, aby przygotować sos winegret.
b) Przygotuj dużą miskę do miksowania: wrzuć do niej resztę składników. Dodać dressing i ponownie wymieszać. Dopraw sałatkę i podawaj.
c) Cieszyć się.

40.Sałatka z makaronem orzechowym i kurczakiem

SKŁADNIKI:

- 6 plasterków boczku
- 1 (6 uncji) słoik marynowanych serc karczochów, odsączonych 10 włóczni szparagów, z przyciętymi końcówkami i grubo posiekanymi
- 1/2 opakowania rotini, łokcia lub penne 1 gotowana pierś z kurczaka, makaron pokrojony w kostkę
- 1/4 szklanki suszonej żurawiny
- 3 łyżki majonezu o niskiej zawartości tłuszczu
- 1/4 szklanki prażonych, pokrojonych migdałów
- 3 łyżki balsamicznego sosu winegret do sałatek
- sól i pieprz do smaku
- 2 łyżeczki soku z cytryny
- 1 łyżeczka sosu Worcestershire

INSTRUKCJE:

a) Postaw dużą patelnię na średnim ogniu. Smaż w nim boczek, aż stanie się chrupiący. Usuń go z nadmiaru tłuszczu. Rozdrobnij go i odłóż na bok.
b) Ugotuj makaron zgodnie z instrukcją na opakowaniu.
c) Przygotuj małą miskę do miksowania: połącz w niej majonez, balsamiczny winegret, sok z cytryny i sos Worcestershire. Dobrze je wymieszaj.
d) Przygotuj dużą miskę do miksowania: wrzuć do niej makaron z dressingiem. Dodać karczochy, kurczaka, żurawinę, migdały, pokruszony boczek i szparagi, szczyptę soli i pieprzu.
e) Dobrze je wymieszaj. Schłodź sałatkę w lodówce przez 1 godzinę 10 minut, a następnie podawaj.
f) Cieszyć się.

41. Sałatka Makaronowa Cezar z Kurczakiem

SKŁADNIKI:
- 2 szklanki makaronu rotini, ugotowanego i ostudzonego
- 1 funt grillowanej piersi z kurczaka, pokrojonej w plasterki
- 1 szklanka pomidorków koktajlowych, przekrojonych na połówki
- 1/2 szklanki czarnych oliwek, pokrojonych w plasterki
- 1/4 szklanki startego parmezanu
- 1/4 szklanki grzanek
- 1/2 szklanki sosu Cezar
- Świeża natka pietruszki do dekoracji
- Sól i pieprz do smaku

INSTRUKCJE:
a) W dużej misce połącz makaron, grillowanego kurczaka, pomidorki koktajlowe, czarne oliwki, parmezan i grzanki.
b) Dodaj sos Cezar i mieszaj, aż dobrze się wymiesza.
c) Udekoruj świeżą natką pietruszki.
d) Przed podaniem przechowywać w lodówce co najmniej 1 godzinę.

42. Sałatka z makaronem z indykiem i żurawiną

SKŁADNIKI:

- 2 szklanki makaronu fusilli, ugotowanego i ostudzonego
- 1 funt gotowanej piersi z indyka, pokrojonej w kostkę
- 1/2 szklanki suszonej żurawiny
- 1/4 szklanki czerwonej cebuli, drobno posiekanej
- 1/2 szklanki selera, drobno posiekanego
- 1/4 szklanki posiekanych orzechów pekan
- 1/2 szklanki majonezu
- 2 łyżki musztardy Dijon
- Sól i pieprz do smaku

INSTRUKCJE:

a) W dużej misce połącz makaron, pokrojony w kostkę indyk, suszoną żurawinę, czerwoną cebulę, seler i orzechy pekan.
b) W małej misce wymieszaj majonez, musztardę Dijon, sól i pieprz.
c) Polej dressingiem makaron i mieszaj, aż będzie dobrze pokryty.
d) Przed podaniem przechowywać w lodówce co najmniej 1 godzinę.

43. Sałatka cytrynowo-ziołowa z grillowanym kurczakiem i makaronem

SKŁADNIKI:
- 2 szklanki makaronu penne, ugotowanego i ostudzonego
- 1 funt grillowanej piersi z kurczaka, pokrojonej w plasterki
- 1 szklanka pomidorków koktajlowych, przekrojonych na połówki
- 1/2 szklanki ogórka, pokrojonego w kostkę
- 1/4 szklanki czerwonej cebuli, drobno posiekanej
- 1/4 szklanki sera feta, pokruszonego
- 2 łyżki posiekanej świeżej pietruszki
- Sok z 2 cytryn
- 3 łyżki oliwy z oliwek extra virgin
- Sól i pieprz do smaku

INSTRUKCJE:
a) W dużej misce połącz makaron, grillowanego kurczaka, pomidorki koktajlowe, ogórek, czerwoną cebulę, ser feta i pietruszkę.
b) W małej misce wymieszaj sok z cytryny, oliwę z oliwek, sól i pieprz.
c) Polej dressingiem makaron i mieszaj, aż będzie dobrze pokryty.
d) Przed podaniem przechowywać w lodówce co najmniej 1 godzinę.

44. Sałatka z makaronem z kurczakiem i bekonem

SKŁADNIKI:
- 2 szklanki makaronu muszkowego, ugotowanego i ostudzonego
- 1 funt grillowanej piersi z kurczaka, pokrojonej w kostkę
- 1/2 szklanki pomidorków cherry, przekrojonych na połówki
- 1/4 szklanki czerwonej cebuli, drobno posiekanej
- 1/2 szklanki boczku, ugotowanego i pokruszonego
- 1/4 szklanki startego sera Cheddar
- 1/2 szklanki sosu ranczo
- Szczypiorek do dekoracji
- Sól i pieprz do smaku

INSTRUKCJE:
a) W dużej misce połącz makaron, pokrojony w kostkę grillowany kurczak, pomidorki koktajlowe, czerwoną cebulę, bekon i posiekany ser cheddar.
b) Dodaj sos ranczo i mieszaj, aż dobrze się wymiesza.
c) Udekoruj szczypiorkiem.
d) Przed podaniem przechowywać w lodówce co najmniej 1 godzinę.

45. Sałatka z kurczakiem curry i makaronem mango

SKŁADNIKI:

- 2 szklanki dużego makaronu spiralnego lub makaronu farfalle, ugotowanego i ostudzonego
- 1 funt gotowanej piersi z kurczaka, posiekanej
- 1 mango, pokrojone w kostkę
- 1/2 szklanki czerwonej papryki, pokrojonej w kostkę
- 1/4 szklanki czerwonej cebuli, drobno posiekanej
- 1/4 szklanki rodzynek
- 1/4 szklanki posiekanych orzechów nerkowca
- 1/2 szklanki majonezu
- 1 łyżka curry w proszku
- Sól i pieprz do smaku

INSTRUKCJE:

a) W dużej misce połącz makaron, rozdrobnionego kurczaka, mango, czerwoną paprykę, czerwoną cebulę, rodzynki i orzechy nerkowca.
b) W małej misce wymieszaj majonez i curry.
c) Polej dressingiem makaron i mieszaj, aż będzie dobrze pokryty.
d) Dopraw solą i pieprzem do smaku.
e) Przed podaniem przechowywać w lodówce co najmniej 1 godzinę.

46. Sałatka Grecka z Kurczakiem I Orzo

SKŁADNIKI:

- 2 szklanki makaronu orzo, ugotowanego i ostudzonego
- 1 funt grillowanej piersi z kurczaka, pokrojonej w kostkę
- 1 szklanka pomidorków koktajlowych, przekrojonych na połówki
- 1/2 szklanki ogórka, pokrojonego w kostkę
- 1/4 szklanki czerwonej cebuli, drobno posiekanej
- 1/3 szklanki oliwek Kalamata, pokrojonych w plasterki
- 1/2 szklanki pokruszonego sera feta
- 1/4 szklanki posiekanej świeżej pietruszki
- 3 łyżki sosu greckiego
- Sól i pieprz do smaku

INSTRUKCJE:

a) W dużej misce wymieszaj makaron orzo, grillowanego kurczaka, pomidorki koktajlowe, ogórek, czerwoną cebulę, oliwki Kalamata, ser feta i pietruszkę.
b) Dodaj sos grecki i mieszaj, aż dobrze się wymiesza.
c) Dopraw solą i pieprzem do smaku.
d) Przed podaniem przechowywać w lodówce co najmniej 1 godzinę.

47.Sałatka z makaronem i kurczakiem i czarną fasolą

SKŁADNIKI:
- 2 szklanki makaronu rotini, ugotowanego i ostudzonego
- 1 funt grillowanej piersi z kurczaka, pokrojonej w plasterki
- 1 puszka (15 uncji) czarnej fasoli, przepłukana i odsączona
- 1 szklanka ziaren kukurydzy, ugotowanych (świeżych lub mrożonych)
- 1/2 szklanki czerwonej papryki, pokrojonej w kostkę
- 1/4 szklanki czerwonej cebuli, drobno posiekanej
- 1/4 szklanki świeżej kolendry, posiekanej
- Sok z 2 limonek
- 3 łyżki oliwy z oliwek
- 1 łyżeczka kminku
- Sól i pieprz do smaku

INSTRUKCJE:
a) W dużej misce połącz makaron, grillowanego kurczaka, czarną fasolę, kukurydzę, czerwoną paprykę, czerwoną cebulę i kolendrę.
b) W małej misce wymieszaj sok z limonki, oliwę z oliwek, kminek, sól i pieprz.
c) Sosem polej mieszaninę makaronu i mieszaj, aż składniki dobrze się połączą.
d) Przed podaniem przechowywać w lodówce co najmniej 1 godzinę.

48. Sałatka Makaronowa Z Kurczakiem Mango Curry

SKŁADNIKI:

- 2 szklanki makaronu penne, ugotowanego i ostudzonego
- 1 funt gotowanej piersi z kurczaka, posiekanej
- 1 mango, pokrojone w kostkę
- 1/2 szklanki czerwonej papryki, pokrojonej w kostkę
- 1/4 szklanki czerwonej cebuli, drobno posiekanej
- 1/4 szklanki złotych rodzynek
- 1/4 szklanki posiekanych orzechów nerkowca
- 1/2 szklanki majonezu
- 1 łyżka curry w proszku
- Sól i pieprz do smaku

INSTRUKCJE:

a) W dużej misce połącz makaron, rozdrobnionego kurczaka, mango, czerwoną paprykę, czerwoną cebulę, rodzynki i orzechy nerkowca.
b) W małej misce wymieszaj majonez i curry.
c) Polej dressingiem makaron i mieszaj, aż będzie dobrze pokryty.
d) Dopraw solą i pieprzem do smaku.
e) Przed podaniem przechowywać w lodówce co najmniej 1 godzinę.

49. Sałatka z makaronem i pesto z kurczakiem Caprese

SKŁADNIKI:

- 2 szklanki makaronu farfalle, ugotowanego i ostudzonego
- 1 funt grillowanej piersi z kurczaka, pokrojonej w plasterki
- 1 szklanka pomidorków koktajlowych, przekrojonych na połówki
- 1/2 szklanki świeżych kulek mozzarelli
- 1/4 szklanki świeżej bazylii, posiekanej
- 2 łyżki orzeszków piniowych, uprażonych
- 1/3 szklanki pesto bazyliowego
- 3 łyżki glazury balsamicznej
- Sól i pieprz do smaku

INSTRUKCJE:

a) W dużej misce wymieszaj makaron, grillowanego kurczaka, pomidorki koktajlowe, kulki mozzarelli, bazylię i orzeszki piniowe.
b) Dodaj pesto bazyliowe i mieszaj, aż dobrze się nim pokryje.
c) Skropić polewą balsamiczną i doprawić solą i pieprzem do smaku.
d) Przed podaniem przechowywać w lodówce co najmniej 1 godzinę.

50. Azjatycka sałatka z kurczakiem i makaronem sezamowym

SKŁADNIKI:
- 2 szklanki makaronu soba, ugotowanego i ostudzonego
- 1 funt grillowanej piersi z kurczaka, posiekanej
- 1 szklanka posiekanej kapusty
- 1/2 szklanki startej marchewki
- 1/4 szklanki czerwonej papryki, pokrojonej w cienkie plasterki
- 1/4 szklanki posiekanej zielonej cebuli
- 2 łyżki nasion sezamu, uprażonych
- 1/3 szklanki sosu sojowego
- 2 łyżki oleju sezamowego
- 1 łyżka octu ryżowego
- 1 łyżka miodu

INSTRUKCJE:
a) W dużej misce połącz makaron soba, posiekanego kurczaka, kapustę, marchewkę, czerwoną paprykę, zieloną cebulę i nasiona sezamu.
b) W małej misce wymieszaj sos sojowy, olej sezamowy, ocet ryżowy i miód.
c) Polej sosem mieszankę makaronową i mieszaj, aż będzie dobrze pokryta.
d) Przed podaniem przechowywać w lodówce co najmniej 1 godzinę.

51. Sałatka z makaronem z ziołami cytrynowymi i indykiem

SKŁADNIKI:
- 2 szklanki makaronu fusilli, ugotowanego i ostudzonego
- 1 funt gotowanej piersi z indyka, pokrojonej w kostkę
- 1 szklanka szparagów, blanszowanych i posiekanych
- 1/2 szklanki pomidorków cherry, przekrojonych na połówki
- 1/4 szklanki czerwonej cebuli, drobno posiekanej
- 1/4 szklanki sera feta, pokruszonego
- Skórka i sok z 2 cytryn
- 3 łyżki oliwy z oliwek extra virgin
- 2 łyżki posiekanej świeżej pietruszki
- Sól i pieprz do smaku

INSTRUKCJE:
a) W dużej misce wymieszaj makaron, pokrojony w kostkę indyk, szparagi, pomidorki koktajlowe, czerwoną cebulę i ser feta.
b) W małej misce wymieszaj skórkę z cytryny, sok z cytryny, oliwę z oliwek, sól i pieprz.
c) Polej dressingiem makaron i mieszaj, aż będzie dobrze pokryty.
d) Udekoruj świeżą natką pietruszki.
e) Przed podaniem przechowywać w lodówce co najmniej 1 godzinę.

52.Sałatka z makaronem i pesto z kurczaka i brokułów

SKŁADNIKI:

- 2 szklanki makaronu penne, ugotowanego i ostudzonego
- 1 funt grillowanej piersi z kurczaka, pokrojonej w plasterki
- 1 szklanka różyczek brokułów, blanszowanych
- 1/4 szklanki suszonych pomidorów, posiekanych
- 1/4 szklanki orzeszków piniowych, prażonych
- 1/2 szklanki startego parmezanu
- 1/3 szklanki pesto bazyliowego
- 3 łyżki oliwy z oliwek extra virgin
- Sól i pieprz do smaku

INSTRUKCJE:

a) W dużej misce połącz makaron, grillowanego kurczaka, brokuły, suszone pomidory, orzeszki piniowe i parmezan.
b) Dodaj pesto bazyliowe i oliwę z oliwek, mieszaj, aż składniki dobrze się połączą.
c) Dopraw solą i pieprzem do smaku.
d) Przed podaniem przechowywać w lodówce co najmniej 1 godzinę.

53. Sałatka z Makaronem i Kurczakiem Buffalo

SKŁADNIKI:

- 2 szklanki makaronu rotini, ugotowanego i ostudzonego
- 1 funt gotowanej piersi z kurczaka, posiekanej
- 1/2 szklanki selera, drobno posiekanego
- 1/4 szklanki czerwonej cebuli, drobno posiekanej
- 1/4 szklanki pokruszonego sera pleśniowego
- 1/3 szklanki sosu bawolego
- 1/4 szklanki sosu ranczo
- Świeży szczypiorek do dekoracji
- Sól i pieprz do smaku

INSTRUKCJE:

a) W dużej misce połącz makaron, posiekanego kurczaka, seler, czerwoną cebulę i pokruszone sery pleśniowe.
b) W małej misce wymieszaj sos bawoly i sos ranczo.
c) Polej dressingiem makaron i mieszaj, aż będzie dobrze pokryty.
d) Udekoruj świeżym szczypiorkiem.
e) Przed podaniem przechowywać w lodówce co najmniej 1 godzinę.

54. Sałatka Makaronowa z Kurczakiem Żurawinowo-Orzechowym

SKŁADNIKI:
- 2 szklanki makaronu farfalle, ugotowanego i ostudzonego
- 1 funt gotowanej piersi z kurczaka, pokrojonej w kostkę
- 1/2 szklanki suszonej żurawiny
- 1/4 szklanki orzechów włoskich, posiekanych i uprażonych
- 1/2 szklanki selera, drobno posiekanego
- 1/4 szklanki czerwonej cebuli, drobno posiekanej
- 1/2 szklanki majonezu
- 2 łyżki musztardy Dijon
- Sól i pieprz do smaku

INSTRUKCJE:
a) W dużej misce połącz makaron, pokrojonego w kostkę kurczaka, suszoną żurawinę, orzechy włoskie, seler i czerwoną cebulę.
b) W małej misce wymieszaj majonez, musztardę Dijon, sól i pieprz.
c) Polej dressingiem makaron i mieszaj, aż będzie dobrze pokryty.
d) Przed podaniem przechowywać w lodówce co najmniej 1 godzinę.

SAŁATKA Z WĘDNAMI I MAKARONEM

55. Włoska sałatka na zimno z makaronem i salami

SKŁADNIKI:
- 2 szklanki makaronu rotini, ugotowanego i ostudzonego
- 1/2 funta salami, pokrojonego w plasterki i wielkości kęsa
- 1 szklanka pomidorków koktajlowych, przekrojonych na połówki
- 1/2 szklanki kulek mozzarelli (bocconcini)
- 1/4 szklanki czarnych oliwek, pokrojonych w plasterki
- 1/4 szklanki czerwonej cebuli, drobno posiekanej
- 1/4 szklanki świeżej bazylii, posiekanej
- 3 łyżki oliwy z oliwek extra virgin
- 2 łyżki czerwonego octu winnego
- Sól i pieprz do smaku

INSTRUKCJE:
a) W dużej misce wymieszaj makaron, salami, pomidorki koktajlowe, kulki mozzarelli, czarne oliwki, czerwoną cebulę i świeżą bazylię.
b) W małej misce wymieszaj oliwę z oliwek, ocet z czerwonego wina, sól i pieprz.
c) Polej dressingiem makaron i mieszaj, aż będzie dobrze pokryty.
d) Przed podaniem przechowywać w lodówce co najmniej 1 godzinę.

56.indykiem i żurawiną

SKŁADNIKI:

- 2 szklanki makaronu fusilli lub farfalle, ugotowanego i ostudzonego
- 1/2 funta piersi z indyka, ugotowanej i pokrojonej w kostkę
- 1/2 szklanki suszonej żurawiny
- 1/4 szklanki orzechów pekan, posiekanych i podprażonych
- 1/2 szklanki selera, drobno posiekanego
- 1/4 szklanki czerwonej cebuli, drobno posiekanej
- 1/3 szklanki majonezu
- 2 łyżki musztardy Dijon
- Sól i pieprz do smaku

INSTRUKCJE:

a) W dużej misce połącz makaron, pokrojony w kostkę indyk, suszoną żurawinę, orzechy pekan, seler i czerwoną cebulę.
b) W małej misce wymieszaj majonez, musztardę Dijon, sól i pieprz.
c) Polej dressingiem makaron i mieszaj, aż będzie dobrze pokryty.
d) Przed podaniem przechowywać w lodówce co najmniej 1 godzinę.

57. Sałatka Makaronowa Na Zimno Z Szynką I Cheddarem

SKŁADNIKI:
- 2 szklanki makaronu łokciowego, ugotowanego i ostudzonego
- 1/2 funta szynki, pokrojonej w kostkę
- 1 szklanka sera Cheddar, pokrojonego w kostkę
- 1/2 szklanki pomidorków cherry, przekrojonych na połówki
- 1/4 szklanki czerwonej papryki, pokrojonej w kostkę
- 1/4 szklanki posiekanej zielonej cebuli
- 1/3 szklanki majonezu
- 2 łyżki kwaśnej śmietany
- 1 łyżka musztardy Dijon
- Sól i pieprz do smaku

INSTRUKCJE:
a) W dużej misce wymieszaj makaron, pokrojoną w kostkę szynkę, ser cheddar, pomidorki koktajlowe, czerwoną paprykę i zieloną cebulę.
b) W małej misce wymieszaj majonez, śmietanę, musztardę Dijon, sól i pieprz.
c) Polej dressingiem makaron i mieszaj, aż będzie dobrze pokryty.
d) Przed podaniem przechowywać w lodówce co najmniej 1 godzinę.

58. Sałatka Makaronowa Cezar z Kurczakiem Na Zimno

SKŁADNIKI:
- 2 szklanki makaronu penne, ugotowanego i ostudzonego
- 1 funt grillowanej piersi z kurczaka, pokrojonej w plasterki
- 1/2 szklanki pomidorków cherry, przekrojonych na połówki
- 1/4 szklanki czarnych oliwek, pokrojonych w plasterki
- 1/4 szklanki startego parmezanu
- 1/4 szklanki grzanek, pokruszonych
- 1/2 szklanki sosu Cezar
- Świeża natka pietruszki do dekoracji
- Sól i pieprz do smaku

INSTRUKCJE:
a) W dużej misce połącz makaron, grillowanego kurczaka, pomidorki koktajlowe, czarne oliwki, parmezan i pokruszone grzanki.
b) Dodaj sos Cezar i mieszaj, aż dobrze się wymiesza.
c) Udekoruj świeżą natką pietruszki.
d) Przed podaniem przechowywać w lodówce co najmniej 1 godzinę.

59. Sałatka grecka z makaronem Orzo i mięsem Gyro

SKŁADNIKI:

- 2 szklanki makaronu orzo, ugotowanego i ostudzonego
- 1/2 funta mięsa gyro, pokrojonego w plasterki
- 1 szklanka ogórka, pokrojonego w kostkę
- 1/2 szklanki pomidorków cherry, przekrojonych na połówki
- 1/4 szklanki czerwonej cebuli, drobno posiekanej
- 1/3 szklanki oliwek Kalamata, pokrojonych w plasterki
- 1/2 szklanki sera feta, pokruszonego
- 3 łyżki sosu greckiego
- Świeże oregano do dekoracji
- Sól i pieprz do smaku

INSTRUKCJE:

a) W dużej misce wymieszaj makaron orzo, pokrojone w plasterki mięso gyro, ogórek, pomidorki koktajlowe, czerwoną cebulę, oliwki Kalamata i ser feta.
b) Dodaj sos grecki i mieszaj, aż dobrze się wymiesza.
c) Udekoruj świeżym oregano.
d) Przed podaniem przechowywać w lodówce co najmniej 1 godzinę.

60.Sałatka z pieczonej wołowiny i makaronu Cheddar

SKŁADNIKI:

- 2 szklanki makaronu fusilli, ugotowanego i ostudzonego
- 1/2 funta pieczonej wołowiny pokrojonej w cienkie plasterki i paski
- 1/2 szklanki sera Cheddar, pokrojonego w kostkę
- 1/4 szklanki czerwonej papryki, pokrojonej w kostkę
- 1/4 szklanki zielonej papryki, pokrojonej w kostkę
- 1/4 szklanki czerwonej cebuli, drobno posiekanej
- 1/3 szklanki kremowego sosu chrzanowego
- Sól i pieprz do smaku

INSTRUKCJE:

a) W dużej misce połącz makaron, rostbef, ser cheddar, czerwoną paprykę, zieloną paprykę i czerwoną cebulę.
b) Dodaj kremowy sos chrzanowy i mieszaj, aż dobrze się nim pokryje.
c) Dopraw solą i pieprzem do smaku.
d) Przed podaniem przechowywać w lodówce co najmniej 1 godzinę.

61. Sałatka z makaronem na zimno i kurczakiem z Bacon Ranch

SKŁADNIKI:
- 2 szklanki makaronu rotini, ugotowanego i ostudzonego
- 1 funt gotowanej piersi z kurczaka, pokrojonej w kostkę
- 1/2 szklanki boczku, ugotowanego i pokruszonego
- 1/2 szklanki pomidorków cherry, przekrojonych na połówki
- 1/4 szklanki czerwonej cebuli, drobno posiekanej
- 1/2 szklanki sera cheddar, posiekanego
- 1/3 szklanki sosu ranczo
- Świeży szczypiorek do dekoracji
- Sól i pieprz do smaku

INSTRUKCJE:
a) W dużej misce wymieszaj makaron, pokrojonego w kostkę kurczaka, bekon, pomidorki koktajlowe, czerwoną cebulę i ser cheddar.
b) Dodaj sos ranczo i mieszaj, aż dobrze się wymiesza.
c) Udekoruj świeżym szczypiorkiem.
d) Przed podaniem przechowywać w lodówce co najmniej 1 godzinę.

62. Włoska sałatka z makaronem Antipasto

SKŁADNIKI:

- 2 szklanki makaronu muszkowego, ugotowanego i ostudzonego
- 1/2 funta salami pokrojonego w paski
- 1/2 szklanki sera provolone, pokrojonego w kostkę
- 1/4 szklanki czarnych oliwek, pokrojonych w plasterki
- 1/4 szklanki zielonych oliwek, pokrojonych w plasterki
- 1/4 szklanki posiekanej pieczonej czerwonej papryki
- 1/4 szklanki posiekanych serc karczochów
- 1/3 szklanki sosu włoskiego
- Świeża bazylia do dekoracji
- Sól i pieprz do smaku

INSTRUKCJE:

a) W dużej misce połącz makaron, salami, ser provolone, czarne oliwki, zielone oliwki, pieczoną czerwoną paprykę i serca karczochów.
b) Dodaj sos włoski i mieszaj, aż dobrze się nim pokryje.
c) Udekoruj świeżą bazylią.
d) Przed podaniem przechowywać w lodówce co najmniej 1 godzinę.

63. Sałatka z makaronem wędzonym indykiem i awokado

SKŁADNIKI:
- 2 szklanki makaronu penne, ugotowanego i ostudzonego
- 1/2 funta wędzonego indyka, pokrojonego w kostkę
- 1 awokado, pokrojone w kostkę
- 1/2 szklanki pomidorków cherry, przekrojonych na połówki
- 1/4 szklanki czerwonej cebuli, drobno posiekanej
- 1/4 szklanki sera feta, pokruszonego
- 2 łyżki posiekanej świeżej kolendry
- Sok z 2 limonek
- 3 łyżki oliwy z oliwek
- Sól i pieprz do smaku

INSTRUKCJE:
a) W dużej misce wymieszaj makaron, pokrojony w kostkę wędzony indyk, pokrojone w kostkę awokado, pomidorki koktajlowe, czerwoną cebulę, ser feta i kolendrę.
b) Skropić sokiem z limonki i oliwą z oliwek.
c) Mieszaj, aż dobrze się połączą.
d) Dopraw solą i pieprzem do smaku.
e) Przed podaniem przechowywać w lodówce co najmniej 1 godzinę.

64. Sałatka z grillowaną kiełbasą i makaronem warzywnym

SKŁADNIKI:
- 2 szklanki makaronu rotini, ugotowanego i ostudzonego
- 1/2 funta grillowanej kiełbasy, pokrojonej w plasterki
- 1 szklanka cukinii, pokrojonej w kostkę
- 1 szklanka pomidorków koktajlowych, przekrojonych na połówki
- 1/2 szklanki czerwonej papryki, pokrojonej w kostkę
- 1/4 szklanki czerwonej cebuli, drobno posiekanej
- 1/3 szklanki sosu balsamicznego
- Świeża bazylia do dekoracji
- Sól i pieprz do smaku

INSTRUKCJE:
a) W dużej misce połącz makaron, grillowaną kiełbasę, cukinię, pomidorki koktajlowe, czerwoną paprykę i czerwoną cebulę.
b) Dodaj balsamiczny winegret i mieszaj, aż dobrze się nim pokryje.
c) Udekoruj świeżą bazylią.
d) Dopraw solą i pieprzem do smaku.
e) Przed podaniem przechowywać w lodówce co najmniej 1 godzinę.

65. Sałatka z zimnym makaronem z krewetkami i awokado

SKŁADNIKI:

- 2 szklanki makaronu rotini, ugotowanego i ostudzonego
- 1/2 funta gotowanych krewetek, obranych i oczyszczonych
- 1 awokado, pokrojone w kostkę
- 1/2 szklanki pomidorków cherry, przekrojonych na połówki
- 1/4 szklanki czerwonej cebuli, drobno posiekanej
- 1/4 szklanki ogórka, pokrojonego w kostkę
- 2 łyżki posiekanej świeżej kolendry
- Sok z 2 limonek
- 3 łyżki oliwy z oliwek
- Sól i pieprz do smaku

INSTRUKCJE:

a) W dużej misce połącz makaron, ugotowane krewetki, pokrojone w kostkę awokado, pomidorki koktajlowe, czerwoną cebulę, ogórek i kolendrę.
b) Skropić sokiem z limonki i oliwą z oliwek.
c) Mieszaj, aż dobrze się połączą.
d) Dopraw solą i pieprzem do smaku.
e) Przed podaniem przechowywać w lodówce co najmniej 1 godzinę.

66.Sałatka z pastrami i szwajcarskim zimnym makaronem

SKŁADNIKI:
- 2 szklanki makaronu penne, ugotowanego i ostudzonego
- 1/2 funta pastrami pokrojonego w paski
- 1/2 szklanki sera szwajcarskiego, pokrojonego w kostkę
- 1/4 szklanki posiekanych marynat koperkowych
- 1/4 szklanki czerwonej cebuli, drobno posiekanej
- 1/3 szklanki majonezu
- 2 łyżki musztardy Dijon
- Sól i pieprz do smaku

INSTRUKCJE:
a) W dużej misce wymieszaj makaron, pastrami, ser szwajcarski, pikle koperkowe i czerwoną cebulę.
b) W małej misce wymieszaj majonez, musztardę Dijon, sól i pieprz.
c) Polej dressingiem makaron i mieszaj, aż będzie dobrze pokryty.
d) Przed podaniem przechowywać w lodówce co najmniej 1 godzinę.

67. Sałatka z zimnego makaronu z tuńczykiem i białą fasolą

SKŁADNIKI:
- 2 szklanki makaronu fusilli, ugotowanego i ostudzonego
- 1 puszka (15 uncji) białej fasoli, odsączona i przepłukana
- 1 puszka (5 uncji) tuńczyka, odsączonego i płatkowanego
- 1/2 szklanki pomidorków cherry, przekrojonych na połówki
- 1/4 szklanki czerwonej cebuli, drobno posiekanej
- 1/4 szklanki czarnych oliwek, pokrojonych w plasterki
- 2 łyżki posiekanej świeżej pietruszki
- 3 łyżki czerwonego octu winnego
- 2 łyżki oliwy z oliwek
- Sól i pieprz do smaku

INSTRUKCJE:
a) W dużej misce połącz makaron, białą fasolę, tuńczyka, pomidorki koktajlowe, czerwoną cebulę, czarne oliwki i pietruszkę.
b) W małej misce wymieszaj ocet winny, oliwę z oliwek, sól i pieprz.
c) Polej dressingiem makaron i mieszaj, aż będzie dobrze pokryty.
d) Przed podaniem przechowywać w lodówce co najmniej 1 godzinę.

68.B BQ Sałatka z kurczakiem i makaronem kukurydzianym

SKŁADNIKI:

- 2 szklanki makaronu muszkowego, ugotowanego i ostudzonego
- 1 funt grillowanej piersi z kurczaka, pokrojonej w kostkę
- 1 szklanka ziaren kukurydzy, ugotowanych (świeżych lub mrożonych)
- 8 pasków gotowanego boczku
- 1/4 szklanki czerwonej cebuli, drobno posiekanej
- 1/4 szklanki posiekanej kolendry
- 1/3 szklanki sosu barbecue
- 2 łyżki majonezu
- Sól i pieprz do smaku

INSTRUKCJE:

a) W dużej misce połącz makaron, pokrojony w kostkę grillowany kurczak, kukurydzę, bekon, czerwoną cebulę i kolendrę.
b) W małej misce wymieszaj sos barbecue i majonez.
c) Polej dressingiem makaron i mieszaj, aż będzie dobrze pokryty.
d) Dopraw solą i pieprzem do smaku.
e) Przed podaniem przechowywać w lodówce co najmniej 1 godzinę.

69.Sałatka Z Makaronem Włoska Kiełbasa I Papryka

SKŁADNIKI:

- 2 szklanki makaronu rotini, ugotowanego i ostudzonego
- 1/2 funta włoskiej kiełbasy, grillowanej i pokrojonej w plasterki
- 1/2 szklanki papryki (różne kolory), pokrojonej w plasterki
- 1/4 szklanki czerwonej cebuli, drobno posiekanej
- 1/4 szklanki czarnych oliwek, pokrojonych w plasterki
- 1/3 szklanki sosu włoskiego
- Świeża bazylia do dekoracji
- Sól i pieprz do smaku

INSTRUKCJE:

a) W dużej misce połącz makaron, grillowaną włoską kiełbasę, paprykę, czerwoną cebulę i czarne oliwki.
b) Dodaj sos włoski i mieszaj, aż dobrze się wymiesza.
c) Udekoruj świeżą bazylią.
d) Dopraw solą i pieprzem do smaku.
e) Przed podaniem przechowywać w lodówce co najmniej 1 godzinę.

70. Sałatka z makaronem naśladowczym Ruby Tuesday

SKŁADNIKI:
- 10 uncji mrożonego groszku
- 1 funt makaronu rotini
- ¼ szklanki maślanki
- 2 łyżki przyprawy ranczo
- ½ łyżeczki soli czosnkowej
- ½ łyżeczki czarnego pieprzu
- Parmezan, do dekoracji
- 2 szklanki majonezu
- 8 uncji szynki, pokrojonej w kostkę

INSTRUKCJE
SAŁATKA MAKARONOWA
a) Przygotuj makaron rotini zgodnie z instrukcją na pudełku.
b) Aby zatrzymać proces gotowania, dokładnie odcedź i przepłucz zimną wodą.
c) Po spłukaniu upewnij się, że dobrze odcieknie.

UBIERANIE SIĘ
d) Połącz majonez, maślankę, przyprawę ranczo, sól czosnkową i czarny pieprz.

ZŁOŻYĆ
e) Połącz makaron, szynkę i mrożony groszek w naczyniu do serwowania.
f) Dodajemy dressing i mieszamy aż do jego równomiernego rozprowadzenia.
g) Odstawić do lodówki na co najmniej godzinę, aby smaki się przegryzły.
h) Dokładnie wymieszaj przed podaniem z tartym parmezanem na wierzchu.

SAŁATKA Z MAKARONEM WARZYWNYM

71. Wegańska sałatka z bazylią Rigatoni

SKŁADNIKI:
- 1 1/2 (8 uncji) opakowania makaronu rigatoni
- 6 liści świeżej bazylii, pokrojonych w cienkie plasterki
- 2 łyżki oliwy z oliwek
- 6 gałązek świeżej kolendry, posiekanych
- 2 ząbki czosnku, posiekane
- 1/4 szklanki oliwy z oliwek
- 1/2 (16 uncji) opakowania tofu, odsączonego i pokrojonego w kostkę
- 1/2 łyżeczki suszonego tymianku
- 1 1/2 łyżeczki sosu sojowego
- 1 mała cebula, pokrojona w cienkie plasterki
- 1 duży pomidor, pokrojony w kostkę
- 1 marchewka, posiekana

INSTRUKCJE:
a) Ugotuj makaron zgodnie z instrukcją na opakowaniu.
b) Postaw dużą patelnię na średnim ogniu. Rozgrzej w nim 2 łyżki oliwy z oliwek. Dodaj czosnek i smaż przez 1 minutę 30 sekund.
c) Wymieszaj tymianek z tofu. Gotuj je przez 9 minut. Wymieszaj sos sojowy i wyłącz ogrzewanie.
d) Przygotuj dużą miskę do miksowania: wrzuć do niej rigatoni, mieszankę tofu, cebulę, pomidor, marchewkę, bazylię i kolendrę. Sałatkę z makaronem skrop oliwą z oliwek i podawaj.
e) Cieszyć się.

72.Sałatka Makaronowa BLT

SKŁADNIKI:

- 2 szklanki makaronu łokciowego
- 1 ¼ szklanki majonezu
- 2 łyżki octu balsamicznego
- 1 szklanka przekrojonych na połówki pomidorków koktajlowych
- ¼ szklanki posiekanej czerwonej papryki
- 3 łyżki posiekanego szalotki
- ½ szklanki startego sera Cheddar
- Sól i pieprz do smaku
- ½ łyżeczki koperku
- 10 plasterków bekonu
- 8 uncji posiekana sałata rzymska

INSTRUKCJE:

a) Makaron gotujemy w garnku z osoloną wodą przez 10 minut. Odcedź i przełóż do salaterki.
b) Do makaronu dodać majonez, ocet balsamiczny, pomidory, paprykę, szalotkę, ser, sól, pieprz i koperek i dobrze wymieszać.
c) Schładzaj przez 3 godziny.
d) Smaż boczek przez 10 minut, aż będzie chrupiący.
e) Odcedź boczek i poczekaj, aż ostygnie, a następnie pokrusz boczek.
f) Sałatkę posyp pokruszonym boczkiem.
g) Podawać na sałacie rzymskiej.

73. Makaron Coleslaw

SKŁADNIKI:

- 1 opakowanie (7 uncji) makaronu pierścieniowego lub ditalini
- 1 opakowanie (14 uncji) mieszanki sałatki coleslaw
- 2 średnie cebule, drobno posiekane
- 2 żeberka selera, drobno posiekane
- 1 średni ogórek, drobno posiekany
- 1 średnia zielona papryka, drobno posiekana
- 1 puszka (8 uncji) całych wodnych kasztanów, odsączonych i posiekanych

UBIERANIE SIĘ:

- 1-1/2 szklanki Miracle Whip Light
- 1/3 szklanki cukru
- 1/4 szklanki octu jabłkowego
- 1/2 łyżeczki soli
- 1/4 łyżeczki pieprzu

INSTRUKCJE:

a) Ugotuj makaron zgodnie z instrukcją na opakowaniu; odcedzić i przepłukać w zimnej wodzie. Przełożyć do dużego naczynia.

b) Do miski z makaronem dodaj mieszankę sałatek coleslaw, cebulę, seler, ogórek, zieloną paprykę i kasztany wodne.

c) W małej misce wymieszaj składniki dressingu. Sosem polej sałatkę i wymieszaj.

d) Przykryj i wstaw do lodówki na co najmniej 1 godzinę przed podaniem.

74.Sałatka Kalamata Rotini

SKŁADNIKI:
- 1 (12 uncji) opakowanie trójkolorowego makaronu rotini
- 4 pomidory rzymskie, pokrojone w kostkę
- 1 (12 uncji) słoik suszonych pomidorów napełnionych olejem, odsączonych, pokrojonych w paski
- 1 mała główka brokułu, podzielona na małe różyczki
- 1 mała cukinia, posiekana
- 1/2 łyżeczki mielonego czosnku
- 1 mały ogórek, posiekany
- 1 mała czerwona cebula, pokrojona w kostkę
- 1 mała żółta papryka, posiekana
- 1 (12 uncji) słoik marynowanych serc karczochów, odsączonych i posiekanych
- 2 dojrzałe awokado
- 1 (16 uncji) butelka greckiego sosu do sałatek winegret
- 1 (12 uncji) słoik oliwek Kalamata bez pestek, pokrojonych w plasterki
- 1 (8 uncji) słoik pieczonej czerwonej papryki, odsączonej, pokrojonej w paski

INSTRUKCJE:
a) Ugotuj makaron zgodnie z instrukcją na opakowaniu.
b) Zagotuj duży garnek wody. Połóż na nim parowar. Gotuj w nim brokuły przez 5 minut pod przykryciem.
c) Brokuły zalewamy zimną wodą i odcedzamy. Posiekaj i odłóż na bok. Przygotuj dużą miskę do miksowania:
d) Połącz w nim brokuły z makaronem, czosnkiem, czerwoną cebulą, sercami karczochów, oliwkami Kalamata, pieczoną czerwoną papryką, pomidorami romskimi, pomidorami suszonymi, cukinią, ogórkiem i żółtą papryką. Dobrze je wymieszaj.
e) Przygotuj małą miskę do miksowania: rozgnieć w niej awokado, aż stanie się gładkie. Dodaj sos grecki i dobrze wymieszaj, aż uzyskają kremową konsystencję.
f) Dodaj sos z awokado do sałatki i dobrze wymieszaj. Dopraw sałatkę do smaku i schładzaj ją w lodówce do momentu podania. Cieszyć się.

75. Sałatka Tortellini w słoikach

SKŁADNIKI:

- 1 (9 uncji) opakowanie szpinaku i sera
- 1 słoik tortellini do konserw
- sól i mielony czarny pieprz do smaku
- 1 (4 uncje) słoik pesto
- 1/4 szklanki przekrojonej na pół, pozbawionej nasion i pokrojonej w plasterki ogórka angielskiego
- 1/4 szklanki przekrojonych na pół pomidorków koktajlowych
- 1/4 szklanki kawałków czerwonej cebuli wielkości zapałek
- 1/2 szklanki posiekanej mache

INSTRUKCJE:

a) Ugotuj makaron zgodnie z instrukcją na opakowaniu.
b) Rozłóż pesto w słoiku, a następnie połóż na nim ogórki, pomidory, cebulę, tortellini i mache. Dopraw je odrobiną soli i pieprzu.
c) Podawaj sałatkę od razu lub przechowuj ją w lodówce do momentu podania.

76. Fusilli czosnkowo-grzybowe z sałatką gruszkową

SKŁADNIKI:

- 1 brązowa cebula
- 2 ząbki czosnku
- 1 opakowanie pokrojonych w plasterki grzybów
- 1 saszetka przyprawy czosnkowo-ziołowej
- 1 opakowanie lekkiej śmietanki kuchennej
- 1 saszetka bulionu w proszku w stylu kurczaka
- 1 opakowanie fusilli (zawiera gluten; może zawierać: jaja, soję)
- 1 gruszka
- 1 torebka mieszanych liści sałat
- 1 opakowanie parmezanu
- Oliwa z oliwek
- 1,75 szklanki wrzącej wody
- Odrobina octu (balsamicznego lub białego wina)

INSTRUKCJE:

a) Zagotuj czajnik. Drobno posiekaj brązową cebulę i czosnek. Rozgrzej duży rondel na średnim ogniu z dużą ilością oliwy z oliwek. Smaż pokrojone grzyby i cebulę, od czasu do czasu mieszając, aż zmiękną, co zajmuje około 6-8 minut. Dodaj czosnek oraz przyprawę czosnkowo-ziołową i smaż, aż zacznie wydzielać zapach przez około 1 minutę.

b) Dodaj lekką śmietankę do gotowania, wrzącą wodę (1 3/4 szklanki na 2 osoby), bulion z kurczaka w proszku i fusilli. Mieszaj do połączenia i doprowadzaj do wrzenia. Zmniejsz ogień do średniego, przykryj pokrywką i gotuj, od czasu do czasu mieszając, aż makaron będzie „al dente", co zajmuje około 11 minut. Wymieszaj starty parmezan i dopraw do smaku solą i pieprzem.

c) W czasie gdy makaron się gotuje, pokrój gruszkę w cienkie plasterki. W średniej misce dodaj odrobinę octu i oliwy z oliwek. Sos posyp mieszanymi liśćmi sałat i gruszką. Doprawiamy i mieszamy do połączenia.

d) Rozłóż jednogarnkowe kremowe fusilli grzybowe pomiędzy miskami. Podawać z sałatką gruszkową. Ciesz się pysznym posiłkiem!

77. Sałatka śródziemnomorska z makaronem warzywnym

SKŁADNIKI:
- 2 szklanki makaronu penne, ugotowanego i ostudzonego
- 1 szklanka pomidorków koktajlowych, przekrojonych na połówki
- 1 ogórek, pokrojony w kostkę
- 1/2 szklanki oliwek Kalamata, pokrojonych w plasterki
- 1/4 szklanki czerwonej cebuli, drobno posiekanej
- 1/2 szklanki sera feta, pokruszonego
- 1/3 szklanki oliwy z oliwek z pierwszego tłoczenia
- 2 łyżki czerwonego octu winnego
- 1 łyżeczka suszonego oregano
- Sól i pieprz do smaku

INSTRUKCJE:
a) W dużej misce połącz makaron, pomidorki koktajlowe, ogórek, oliwki Kalamata, czerwoną cebulę i ser feta.
b) W małej misce wymieszaj oliwę z oliwek, ocet z czerwonego wina, suszone oregano, sól i pieprz.
c) Polej dressingiem makaron i mieszaj, aż będzie dobrze pokryty.
d) Przed podaniem przechowywać w lodówce co najmniej 1 godzinę.

78. Sałatka z pesto i warzywami z makaronem spiralnym

SKŁADNIKI:

- 2 szklanki makaronu spiralnego, ugotowanego i ostudzonego
- 1 szklanka pomidorków koktajlowych, przekrojonych na połówki
- 1/2 szklanki posiekanych serc karczochów
- 1/2 szklanki czarnych oliwek, pokrojonych w plasterki
- 1/4 szklanki czerwonej cebuli, drobno posiekanej
- 1/3 szklanki sosu pesto
- 3 łyżki startego parmezanu
- Sól i pieprz do smaku

INSTRUKCJE:

a) W dużej misce połącz makaron, pomidorki koktajlowe, serca karczochów, czarne oliwki i czerwoną cebulę.
b) Dodaj sos pesto i mieszaj, aż dobrze się wymiesza.
c) Sałatkę posypujemy tartym parmezanem.
d) Dopraw solą i pieprzem do smaku.
e) Przed podaniem przechowywać w lodówce co najmniej 1 godzinę.

79. Tęczowa sałatka z makaronem warzywnym

SKŁADNIKI:
- 2 szklanki makaronu muszkowego, ugotowanego i ostudzonego
- 1 szklanka różyczek brokułów, blanszowanych
- 1 szklanka papryki (różne kolory), pokrojonej w kostkę
- 1/2 szklanki pomidorków cherry, przekrojonych na połówki
- 1/4 szklanki czerwonej cebuli, drobno posiekanej
- 1/3 szklanki sosu włoskiego
- Świeża bazylia do dekoracji
- Sól i pieprz do smaku

INSTRUKCJE:
a) W dużej misce wymieszaj makaron, różyczki brokułów, paprykę, pomidorki koktajlowe i czerwoną cebulę.
b) Dodaj sos włoski i mieszaj, aż dobrze się nim pokryje.
c) Udekoruj świeżą bazylią.
d) Dopraw solą i pieprzem do smaku.
e) Przed podaniem przechowywać w lodówce co najmniej 1 godzinę.

80. Azjatycka sałatka z makaronem sezamowo-warzywnym

SKŁADNIKI:
- 2 szklanki makaronu soba, ugotowanego i ostudzonego
- 1 szklanka groszku śnieżnego, blanszowanego i pokrojonego w plasterki
- 1 szklanka startej marchewki
- 1/2 szklanki czerwonej papryki, pokrojonej w cienkie plasterki
- 1/4 szklanki posiekanej zielonej cebuli
- 2 łyżki nasion sezamu, uprażonych
- 1/3 szklanki sosu sojowego
- 2 łyżki octu ryżowego
- 1 łyżka oleju sezamowego
- 1 łyżka miodu

INSTRUKCJE:
a) W dużej misce wymieszaj makaron soba, groszek śnieżny, posiekaną marchewkę, czerwoną paprykę, zieloną cebulę i nasiona sezamu.
b) W małej misce wymieszaj sos sojowy, ocet ryżowy, olej sezamowy i miód.
c) Polej sosem mieszankę makaronową i mieszaj, aż będzie dobrze pokryta.
d) Przed podaniem przechowywać w lodówce co najmniej 1 godzinę.

81. Sałatka Z Makaronem Warzywnym Caprese

SKŁADNIKI:

- 2 szklanki makaronu farfalle, ugotowanego i ostudzonego
- 1 szklanka pomidorków koktajlowych, przekrojonych na połówki
- 1 szklanka świeżych kulek mozzarelli
- 1/4 szklanki świeżej bazylii, posiekanej
- 2 łyżki orzeszków piniowych, uprażonych
- 3 łyżki glazury balsamicznej
- 3 łyżki oliwy z oliwek extra virgin
- Sól i pieprz do smaku

INSTRUKCJE:

a) W dużej misce połącz makaron, pomidorki koktajlowe, kulki mozzarelli, bazylię i orzeszki piniowe.
b) Skropić polewą balsamiczną i oliwą z oliwek.
c) Mieszaj, aż dobrze się połączą.
d) Dopraw solą i pieprzem do smaku.
e) Przed podaniem przechowywać w lodówce co najmniej 1 godzinę.

82.Sałatka Grecka Orzo Jarzynowa

SKŁADNIKI:

- 2 szklanki makaronu orzo, ugotowanego i ostudzonego
- 1 szklanka ogórka, pokrojonego w kostkę
- 1 szklanka pomidorków koktajlowych, przekrojonych na połówki
- 1/2 szklanki oliwek Kalamata, pokrojonych w plasterki
- 1/4 szklanki czerwonej cebuli, drobno posiekanej
- 1/2 szklanki sera feta, pokruszonego
- 3 łyżki sosu greckiego
- Świeże oregano do dekoracji
- Sól i pieprz do smaku

INSTRUKCJE:

a) W dużej misce wymieszaj makaron orzo, ogórek, pomidorki koktajlowe, oliwki Kalamata, czerwoną cebulę i ser feta.
b) Dodaj sos grecki i mieszaj, aż dobrze się wymiesza.
c) Udekoruj świeżym oregano.
d) Dopraw solą i pieprzem do smaku.
e) Przed podaniem przechowywać w lodówce co najmniej 1 godzinę.

83. Sałatka z pieczonych warzyw i makaronu z ciecierzycy

SKŁADNIKI:

- 2 szklanki makaronu fusilli, ugotowanego i ostudzonego
- 1 szklanka pomidorków koktajlowych, przekrojonych na połówki
- 1 szklanka cukinii, pokrojonej w kostkę
- 1 szklanka papryki (różne kolory), pokrojonej w kostkę
- 1/2 szklanki czerwonej cebuli, drobno posiekanej
- 1 puszka (15 uncji) ciecierzycy, odsączona i opłukana
- 3 łyżki winegretu balsamicznego
- 3 łyżki oliwy z oliwek
- 2 łyżki posiekanej świeżej bazylii
- Sól i pieprz do smaku

INSTRUKCJE:

a) W dużej misce wymieszaj makaron, pomidorki koktajlowe, cukinię, paprykę, czerwoną cebulę i ciecierzycę.
b) W małej misce wymieszaj sos balsamiczny, oliwę z oliwek, bazylię, sól i pieprz.
c) Polej dressingiem makaron i mieszaj, aż będzie dobrze pokryty.
d) Przed podaniem przechowywać w lodówce co najmniej 1 godzinę.

84. Sałatka na zimno ze szpinakiem i karczochami

SKŁADNIKI:

- 2 szklanki makaronu rotini, ugotowanego i ostudzonego
- 1 szklanka liści szpinaku baby
- 1 szklanka posiekanych serc karczochów
- 1/2 szklanki pomidorków cherry, przekrojonych na połówki
- 1/4 szklanki czerwonej cebuli, drobno posiekanej
- 1/3 szklanki jogurtu greckiego
- 2 łyżki majonezu
- 2 łyżki startego parmezanu
- 1 łyżka soku z cytryny
- Sól i pieprz do smaku

INSTRUKCJE:

a) W dużej misce połącz makaron, młody szpinak, serca karczochów, pomidorki koktajlowe i czerwoną cebulę.
b) W małej misce wymieszaj jogurt grecki, majonez, parmezan, sok z cytryny, sól i pieprz.
c) Polej dressingiem makaron i mieszaj, aż będzie dobrze pokryty.
d) Przed podaniem przechowywać w lodówce co najmniej 1 godzinę.

85. Tajska Sałatka Warzywna Z Makaronem Orzechowym

SKŁADNIKI:
- 2 szklanki makaronu ryżowego, ugotowanego i ostudzonego
- 1 szklanka różyczek brokułów, blanszowanych
- 1 szklanka startej marchewki
- 1/2 szklanki czerwonej papryki, pokrojonej w cienkie plasterki
- 1/4 szklanki posiekanej zielonej cebuli
- 1/4 szklanki posiekanych orzeszków ziemnych
- 1/3 szklanki sosu orzechowego
- 2 łyżki sosu sojowego
- 1 łyżka soku z limonki
- 1 łyżka miodu

INSTRUKCJE:
a) W dużej misce połącz makaron ryżowy, różyczki brokułów, posiekaną marchewkę, czerwoną paprykę, zieloną cebulę i orzeszki ziemne.
b) W małej misce wymieszaj sos orzechowy, sos sojowy, sok z limonki i miód.
c) Polej sosem mieszankę makaronową i mieszaj, aż będzie dobrze pokryta.
d) Przed podaniem przechowywać w lodówce co najmniej 1 godzinę.

86.Sałatka Cezar z makaronem warzywnym

SKŁADNIKI:
- 2 szklanki makaronu muszkowego, ugotowanego i ostudzonego
- 1 szklanka pomidorków koktajlowych, przekrojonych na połówki
- 1 szklanka ogórka, pokrojonego w kostkę
- 1/2 szklanki czarnych oliwek, pokrojonych w plasterki
- 1/4 szklanki czerwonej cebuli, drobno posiekanej
- 1/4 szklanki startego parmezanu
- 1/4 szklanki grzanek, pokruszonych
- 1/2 szklanki sosu Cezar
- Świeża natka pietruszki do dekoracji
- Sól i pieprz do smaku

INSTRUKCJE:
a) W dużej misce wymieszaj makaron, pomidorki koktajlowe, ogórek, czarne oliwki, czerwoną cebulę, parmezan i pokruszone grzanki.
b) Dodaj sos Cezar i mieszaj, aż dobrze się wymiesza.
c) Udekoruj świeżą natką pietruszki.
d) Przed podaniem przechowywać w lodówce co najmniej 1 godzinę.

ZIMNE SAŁATKI Z MAKARONU OWOCOWEGO

87. Sałatka z makaronem i owocami tropikalnymi

SKŁADNIKI:
- 2 szklanki makaronu fusilli, ugotowanego i ostudzonego
- 1/2 funta gotowanych krewetek, obranych i oczyszczonych
- 1 szklanka kawałków ananasa
- 1 szklanka mango, pokrojonego w kostkę
- 1/2 szklanki czerwonej papryki, pokrojonej w kostkę
- 1/4 szklanki czerwonej cebuli, drobno posiekanej
- 1/3 szklanki płatków kokosowych
- 3 łyżki soku z limonki
- 2 łyżki miodu
- Sól i pieprz do smaku

INSTRUKCJE:
a) W dużej misce połącz makaron, ugotowane krewetki, kawałki ananasa, mango, czerwoną paprykę, czerwoną cebulę i płatki kokosowe.
b) W małej misce wymieszaj sok z limonki i miód.
c) Polej dressingiem makaron i mieszaj, aż będzie dobrze pokryty.
d) Dopraw solą i pieprzem do smaku.
e) Przed podaniem przechowywać w lodówce co najmniej 1 godzinę.

88.Sałatka z makaronem z jagodami i fetą

SKŁADNIKI:
- 2 szklanki makaronu muszkowego, ugotowanego i ostudzonego
- 1 szklanka truskawek, pokrojona w plasterki
- 1/2 szklanki jagód
- 1/2 szklanki malin
- 1/2 szklanki sera feta, pokruszonego
- 1/4 szklanki świeżej mięty, posiekanej
- 3 łyżki glazury balsamicznej
- 3 łyżki oliwy z oliwek
- Sól i pieprz do smaku

INSTRUKCJE:
a) W dużej misce połącz makaron, truskawki, jagody, maliny, ser feta i świeżą miętę.
b) Skropić polewą balsamiczną i oliwą z oliwek.
c) Mieszaj, aż dobrze się połączą.
d) Dopraw solą i pieprzem do smaku.
e) Przed podaniem przechowywać w lodówce co najmniej 1 godzinę.

89. Sałatka z makaronem z cytrusami i awokado

SKŁADNIKI:

- 2 szklanki makaronu rotini, ugotowanego i ostudzonego
- 1 pomarańcza podzielona na segmenty
- 1 grejpfrut podzielony na segmenty
- 1 awokado, pokrojone w kostkę
- 1/4 szklanki czerwonej cebuli, drobno posiekanej
- 2 łyżki posiekanej świeżej kolendry
- 3 łyżki soku pomarańczowego
- 2 łyżki soku z limonki
- 3 łyżki oliwy z oliwek
- Sól i pieprz do smaku

INSTRUKCJE:

a) W dużej misce połącz makaron, cząstki pomarańczy, cząstki grejpfruta, pokrojone w kostkę awokado, czerwoną cebulę i kolendrę.
b) W małej misce wymieszaj sok pomarańczowy, sok z limonki i oliwę z oliwek.
c) Polej dressingiem makaron i mieszaj, aż będzie dobrze pokryty.
d) Dopraw solą i pieprzem do smaku.
e) Przed podaniem przechowywać w lodówce co najmniej 1 godzinę.

90.Sałatka z makaronem arbuzem i fetą

SKŁADNIKI:
- 2 szklanki makaronu penne lub makaronu, ugotowanego i ostudzonego
- 2 szklanki arbuza, pokrojonego w kostkę
- 1/2 szklanki ogórka, pokrojonego w kostkę
- 1/4 szklanki czerwonej cebuli, drobno posiekanej
- 1/2 szklanki sera feta, pokruszonego
- 2 łyżki posiekanej świeżej mięty
- 3 łyżki glazury balsamicznej
- 3 łyżki oliwy z oliwek
- Sól i pieprz do smaku

INSTRUKCJE:
a) W dużej misce połącz makaron, arbuz, ogórek, czerwoną cebulę, ser feta i świeżą miętę.
b) Skropić polewą balsamiczną i oliwą z oliwek.
c) Mieszaj, aż dobrze się połączą.
d) Dopraw solą i pieprzem do smaku.
e) Przed podaniem przechowywać w lodówce co najmniej 1 godzinę.

91. Sałatka z makaronem z mango i czarną fasolą

SKŁADNIKI:
- 2 szklanki makaronu farfalle, ugotowanego i ostudzonego
- 1 mango, pokrojone w kostkę
- 1 szklanka czarnej fasoli, opłukanej i odsączonej
- 1 szklanka prażonej kukurydzy (opcjonalnie)
- 1/2 szklanki czerwonej papryki, pokrojonej w kostkę
- 1/4 szklanki czerwonej cebuli, drobno posiekanej
- 2 łyżki posiekanej świeżej kolendry
- 3 łyżki soku z limonki
- 2 łyżki oliwy z oliwek
- 1 łyżeczka kminku
- Sól i pieprz do smaku

INSTRUKCJE:
a) W dużej misce połącz makaron, pokrojone w kostkę mango, czarną fasolę, kukurydzę, czerwoną paprykę, czerwoną cebulę i kolendrę.
b) W małej misce wymieszaj sok z limonki, oliwę z oliwek, kminek, sól i pieprz.
c) Polej dressingiem makaron i mieszaj, aż będzie dobrze pokryty.
d) Przed podaniem przechowywać w lodówce co najmniej 1 godzinę.

92. Sałatka z makaronem z jabłkami i orzechami włoskimi

SKŁADNIKI:
- 2 szklanki makaronu penne, ugotowanego i ostudzonego
- 2 jabłka, pokrojone w kostkę
- 1/2 szklanki selera, drobno posiekanego
- 1/4 szklanki orzechów włoskich, posiekanych i uprażonych
- 1/4 szklanki rodzynek
- 1/3 szklanki jogurtu greckiego
- 2 łyżki majonezu
- 1 łyżka miodu
- 1/2 łyżeczki cynamonu
- Sól dla smaku

INSTRUKCJE:
a) W dużej misce połącz makaron, pokrojone w kostkę jabłka, seler, orzechy włoskie i rodzynki.
b) W małej misce wymieszaj jogurt grecki, majonez, miód, cynamon i szczyptę soli.
c) Polej dressingiem makaron i mieszaj, aż będzie dobrze pokryty.
d) Przed podaniem przechowywać w lodówce co najmniej 1 godzinę.

93.Sałatka z makaronem z ananasem i szynką

SKŁADNIKI:

- 2 szklanki suszonego makaronu, ugotowanego i ostudzonego
- 1 szklanka kawałków ananasa
- 1/2 szklanki szynki, pokrojonej w kostkę
- 1/4 szklanki czerwonej papryki, pokrojonej w kostkę
- 1/4 szklanki posiekanej zielonej cebuli
- 1/3 szklanki majonezu
- 2 łyżki musztardy Dijon
- 1 łyżka miodu
- Sól i pieprz do smaku

INSTRUKCJE:

a) W dużej misce połącz makaron, kawałki ananasa, pokrojoną w kostkę szynkę, czerwoną paprykę i zieloną cebulę.
b) W małej misce wymieszaj majonez, musztardę Dijon, miód, sól i pieprz.
c) Polej dressingiem makaron i mieszaj, aż będzie dobrze pokryty.
d) Przed podaniem przechowywać w lodówce co najmniej 1 godzinę.

94. Sałatka z makaronem i cytrusami

SKŁADNIKI:

- 2 szklanki makaronu muszkowego, ugotowanego i ostudzonego
- 1 szklanka mieszanych owoców jagodowych (truskawki, jagody, maliny)
- 1 pomarańcza podzielona na segmenty
- 1/4 szklanki świeżej mięty, posiekanej
- 2 łyżki miodu
- 2 łyżki soku pomarańczowego
- 1 łyżka soku z limonki
- Sól dla smaku

INSTRUKCJE:

a) W dużej misce połącz makaron, mieszane jagody, cząstki pomarańczy i świeżą miętę.
b) W małej misce wymieszaj miód, sok pomarańczowy, sok z limonki i szczyptę soli.
c) Polej dressingiem makaron i mieszaj, aż będzie dobrze pokryty.
d) Przed podaniem przechowywać w lodówce co najmniej 1 godzinę.

95.Sałatka z kiwi, truskawek i makaronu Rotini

SKŁADNIKI:
- 2 szklanki makaronu rotini, ugotowanego i ostudzonego
- 1 szklanka truskawek, pokrojona w plasterki
- 2 kiwi, obrane i pokrojone w kostkę
- 1/4 szklanki migdałów, pokrojonych i uprażonych
- 2 łyżki dressingu makowego
- 2 łyżki jogurtu greckiego
- 1 łyżka miodu
- Sól dla smaku

INSTRUKCJE:
a) W dużej misce wymieszaj makaron, pokrojone truskawki, pokrojone w kostkę kiwi i prażone migdały.
b) W małej misce wymieszaj dressing makowy, jogurt grecki, miód i szczyptę soli.
c) Polej dressingiem makaron i mieszaj, aż będzie dobrze pokryty.
d) Przed podaniem przechowywać w lodówce co najmniej 1 godzinę.

96.Salsa Mango z Sałatką Z Makaronem Farfalle

SKŁADNIKI:

- 2 szklanki makaronu farfalle, ugotowanego i ostudzonego
- 1 mango, pokrojone w kostkę
- 1/2 szklanki czarnej fasoli, opłukanej i odsączonej
- 1/4 szklanki czerwonej papryki, pokrojonej w kostkę
- 1/4 szklanki czerwonej cebuli, drobno posiekanej
- 2 łyżki posiekanej świeżej kolendry
- 3 łyżki soku z limonki
- 2 łyżki oliwy z oliwek
- 1 łyżeczka kminku
- Sól i pieprz do smaku

INSTRUKCJE:

a) W dużej misce połącz makaron, pokrojone w kostkę mango, czarną fasolę, czerwoną paprykę, czerwoną cebulę i kolendrę.
b) W małej misce wymieszaj sok z limonki, oliwę z oliwek, kminek, sól i pieprz.
c) Polej dressingiem makaron i mieszaj, aż będzie dobrze pokryty.
d) Przed podaniem przechowywać w lodówce co najmniej 1 godzinę.

97. Sałatka z makaronem brzoskwiniowo-prosciutto

SKŁADNIKI:
- 2 szklanki makaronu fusilli, ugotowanego i ostudzonego
- 2 brzoskwinie, pokrojone w plasterki
- 1/4 szklanki prosciutto, pokrojonego w cienkie plasterki
- 1/2 szklanki kulek mozzarelli
- 1/4 szklanki czerwonej cebuli, drobno posiekanej
- 3 łyżki glazury balsamicznej
- 3 łyżki oliwy z oliwek
- Sól i pieprz do smaku

INSTRUKCJE:
a) W dużej misce połącz makaron, pokrojone brzoskwinie, prosciutto, kulki mozzarelli i czerwoną cebulę.
b) Skropić polewą balsamiczną i oliwą z oliwek.
c) Mieszaj, aż dobrze się połączą.
d) Dopraw solą i pieprzem do smaku.
e) Przed podaniem przechowywać w lodówce co najmniej 1 godzinę.

98. Sałatka z makaronem z jagodami i kozim serem

SKŁADNIKI:
- 2 szklanki makaronu penne, ugotowanego i ostudzonego
- 1 szklanka jagód
- 1/2 szklanki koziego sera, pokruszonego
- 1/4 szklanki migdałów, pokrojonych i uprażonych
- 2 łyżki miodu
- 2 łyżki octu balsamicznego
- 3 łyżki oliwy z oliwek
- Sól i pieprz do smaku

INSTRUKCJE:
a) W dużej misce połącz makaron, jagody, kozi ser i prażone migdały.
b) W małej misce wymieszaj miód, ocet balsamiczny, oliwę z oliwek, sól i pieprz.
c) Polej dressingiem makaron i mieszaj, aż będzie dobrze pokryty.
d) Przed podaniem przechowywać w lodówce co najmniej 1 godzinę.

99. Sałatka ze szpinakiem, groszkiem, malinami i makaronem spiralnym

SKŁADNIKI:

- 8 uncji makaronu spiralnego (trójkolorowego lub pełnoziarnistego dla dodania koloru i odżywiania)
- 2 szklanki świeżych liści szpinaku, umytych i podartych
- 1 szklanka świeżego lub mrożonego groszku, blanszowanego i ostudzonego
- 1 szklanka świeżych malin, umytych
- 1/2 szklanki sera feta, pokruszonego
- 1/4 szklanki czerwonej cebuli, drobno posiekanej
- 1/4 szklanki posiekanych świeżych liści mięty
- 1/4 szklanki posiekanych świeżych liści bazylii
- Do dressingu:
- 1/4 szklanki oliwy z oliwek
- 2 łyżki octu balsamicznego
- 1 łyżka musztardy Dijon
- 1 łyżka miodu
- Sól i pieprz do smaku

INSTRUKCJE:

a) Ugotuj spiralny makaron zgodnie z instrukcją na opakowaniu. Odcedź i przelej zimną wodą, żeby szybko ostygło. Odłożyć na bok.

PRZYGOTOWAĆ DRESSING:

b) W małej misce wymieszaj oliwę z oliwek, ocet balsamiczny, musztardę Dijon, miód, sól i pieprz. Doprawić do smaku.

PRZYGOTOWANIE SAŁATKI:

c) W dużej misce wymieszaj ugotowany i ostudzony spiralny makaron, podarte liście szpinaku, blanszowany groszek, maliny, pokruszony ser feta, posiekaną czerwoną cebulę, miętę i bazylię.

d) Sosem polej składniki sałatki.

e) Delikatnie wymieszaj sałatkę, aby wszystkie składniki dobrze pokryły się sosem. Uważaj, aby nie zmiażdżyć malin.

f) Przykryj miskę sałatkową folią i włóż do lodówki na co najmniej 30 minut, aby smaki się przegryzły.

g) Przed podaniem delikatnie wstrząśnij sałatką. W razie potrzeby możesz udekorować dodatkowymi listkami mięty lub posypką fety.

100. Sałatka z makaronem z mandarynkami i migdałami

SKŁADNIKI:
- 2 szklanki makaronu rotini, ugotowanego i ostudzonego
- 1 puszka (11 uncji) mandarynek, odsączonych
- 1/2 szklanki posiekanych migdałów, uprażonych
- 1/4 szklanki posiekanej zielonej cebuli
- 3 łyżki octu ryżowego
- 2 łyżki sosu sojowego
- 2 łyżki oleju sezamowego
- 1 łyżka miodu
- Sól i pieprz do smaku

INSTRUKCJE:
a) W dużej misce połącz makaron, mandarynki, prażone migdały i zieloną cebulę.
b) W małej misce wymieszaj ocet ryżowy, sos sojowy, olej sezamowy, miód, sól i pieprz.
c) Polej dressingiem makaron i mieszaj, aż będzie dobrze pokryty.
d) Przed podaniem przechowywać w lodówce co najmniej 1 godzinę.

WNIOSEK

Jak z wdziękiem kończą się ostatnie strony książki „DOSKONAŁOŚĆ MAKARONU! CHŁODNE SAŁATKI MAKARONOWE NA KAŻDĄ OKAZJĘ", mamy nadzieję, że Twoja kulinarna podróż przez te zniewalające sałatki makaronowe była zachwycającą eksploracją smaku i kreatywności. Ta książka kucharska to nie tylko przewodnik; to oda do sztuki przygotowywania sałatek makaronowych, które są nie tylko atrakcyjne wizualnie, ale także nieodparcie pyszne.

Delektując się ostatnimi kęsami tych 100 sałatek makaronowych, pamiętaj, że nie tylko znasz przepisy; przyjąłeś filozofię kulinarną, która celebruje połączenie prostoty i wyrafinowania. Niech Twoja kuchnia nadal będzie przestrzenią, w której kreatywność nie zna granic, a dążenie do makaronowej perfekcji będzie niekończącą się radością.

Dopóki nie spotkamy się ponownie podczas kolejnej kulinarnej przygody, niech Twoje posiłki będą przepełnione duchem rzemiosła i delektowania się perfekcją makaronu. Miłego tworzenia sałatek!

www.ingramcontent.com/pod-product-compliance
Lightning Source LLC
Chambersburg PA
CBHW071901110526
44591CB00011B/1504